百年燕梳情

岭南保险贤达事迹录

赵守兵　卜瑞华　编著

中国金融出版社

责任编辑：亓　霞　张清民
责任校对：孙　蕊
责任印制：赵燕红

图书在版编目（CIP）数据

百年燕梳情——岭南保险贤达事迹录（Bainian Baoxian Yanshu qing:
Lingnan Baoxian Xianda Shijilu）/赵守兵，卜瑞华编著. —北京:中国金融出
版社，2018. 3

ISBN 978-7-5049-9253-6

Ⅰ. ①百… Ⅱ. ①赵… ②卜… Ⅲ. ①保险业—工作人员—生平事迹
—广东 Ⅳ. ①K825.34

中国版本图书馆CIP数据核字（2017）第259810号

出版
发行　中国金融出版社

社址　　北京市丰台区益泽路2号
市场开发部　（010）63266347，63805472，63439533（传真）
网 上 书 店　http://www.chinafph.com
　　　　　　（010）63286832，63365686（传真）
读者服务部　（010）66070833，62568380
邮编　　100071
经销　　新华书店
印刷　　北京市松源印刷有限公司
尺寸　　169毫米×239毫米
印张　　16.75
字数　　226千
版次　　2018年3月第1版
印次　　2018年3月第1次印刷
定价　　48.00元
ISBN 978-7-5049-9253-6
如出现印装错误本社负责调换　　联系电话（010）63263947

序一

　　广州是近代商业保险登陆中国的最初口岸，作为一名保险从业人员，我有幸在广州工作了一段时间，对岭南地区的文化和保险业怀有深厚的情感。

　　岭南文化主体是广东文化的广府文化、客家文化和潮汕文化。明清之际，岭南三系文化相互融会贯通。到了近代，岭南得风气之先，成为中西文化交流的重要津梁，多种文化思潮交错而织成绚丽多彩的画面，岭南文化成为中国政治、思想、文化革命和发展的先导。从洪秀全金田起义、康梁变法、何子渊的教育革新到孙中山领导的民主革命，岭南文化始终是中国近代政治革命的重要代表和领导力量。

　　新中国成立、改革开放，以及经济的高速发展，岭南文化为国内各地方文化的复兴提供了条件。20世纪七八十年代，广东进入新文化时期，起飞的经济与岭南风格的粤语文化、粤式生活方式结合在一起，形成了现代阶段的岭南文化。

　　广州作为岭南文化的中心之一，具有悠久的历史，绵延至今，形成了独特风格，始终贯穿着开放的人文意识，特别是革新意识、商业意识、务实意识和平民意识。广东在唐宋时期已经成为中国重要的对外贸易区，清中叶以后，随着国际市场对茶叶和丝绸的强烈需求，当地商品经济得到快速发展。

　　1805年，广东诞生了现代意义上的保险公司，广东人有幸最早接触到现代保险业，一些有远见的广东人开始参与到保险业之中，并积极探索，如晚清著名买办唐廷枢、徐润、郑观应等。一代代保险人的努力让现代保险业弘扬光大，并在历史的长河中形成了保险人的精神。

党的十九大报告中提出：文化是一个国家、一个民族的灵魂。文化兴国运兴，文化强民族强。没有高度的文化自信，没有文化的繁荣兴盛，就没有中华民族的伟大复兴。一个行业、一座城市、一个单位，又何尝不是如此？在党的十九大胜利闭幕不久，赵守兵和卜瑞华就编辑出版了《百年燕梳情——岭南保险贤达事迹录》这本书，我认为具有特别的意义。

一是本书强化了岭南保险人乃至中国民族保险业者的文化自信。习近平总书记指出"文化自信，是更基础、更广泛、更深厚的自信"。习总书记有关文化的重要讲话对保险行业文化建设具有重要而现实的指导意义。保险业虽然是舶来品，但是民族保险人不忘初心，牢记使命，始终在发展壮大民族保险事业。二是提升了保险人的尊严和荣耀，让保险人找到了自己的价值感和归属感，这绝不是多少保单和多少保费可以企及的文化高度。

譬如我在广东工作期间，曾到中山大学岭南学院参观，给保险专业的学生讲过讲座。中山大学岭南学院校园中有原岭南大学遗留下来的很多建筑，它们有个显著的特点，就是用人名给建筑物命名。如由美国安布雷·史怀士出资修建的基督教青年会馆，被命名为怀士堂。1923年，孙中山先生在怀士堂作长篇演讲，勉励青年学生"立志，是要做大事，不可要做大官"。怀士堂因此不再是一幢普通的建筑，而是中山大学人文精神所在。

再如"马应彪招待所"，是为解决招待来宾和小聚会由马应彪先生捐资兴建。如今它是中山大学的博雅学院。马应彪先生是中国百货业的先驱，还曾创办先施置业保险有限公司。

今天，通过阅读本书，详细了解了马应彪先生的生平事迹，尤其是其在保险领域的开拓性贡献，甚是欣慰，并令我感动不已。

今后这样的图书，可以再多出版一些，表现保险精神的文艺作品形式可以更加多元化。希望更多的保险人能够致力于保险文化的耕耘，更多的机构支持和资助保险文化事业的发展。

     是为序。

魏迎宁

2017年11月27日

     （魏迎宁，中国保监会原副主席。曾任中国人民银行保险司副司长，中国保监会人身保险监管部主任、广州保监办主任。南开大学、华南理工大学等高等院校博士生导师，并被中国人民银行研究生部、中国人民大学、厦门大学等高等院校聘为兼职教授）

序二

2017 年 7 月以来，以中央金融工作会议为标志，保监会发出密集的监管函，展示了"保监姓监、保险姓保"的决心和意志。保险业从 1979 年复业至 2016 年底，中国已经从保险弱国成长为一个新兴的保险大国，尤其是近几年一直是高歌猛进，皆大欢喜的局面，2017 年怎么就突然转了风向标呢？

是有法不依、执法不严，还是制度的篱笆扎得不够严实，抑或是思想理念、信仰价值出了问题？我认为，三者皆有之，其中思想理念和信仰价值尤为重要。

党的十九大报告明确要求：推动中华优秀传统文化创造性转化、创新性发展，继承革命文化，发展社会主义先进文化，不忘本来、吸收外来、面向未来，更好构筑中国精神、中国价值、中国力量，为人民提供精神指引。

党的十九大报告还明确要求：深入挖掘中华优秀传统文化蕴含的思想观念、人文精神、道德规范，结合时代要求继承创新，让中华文化展现出永久魅力和时代风采；引导人们树立正确的历史观、民族观、国家观、文化观……

对于这些要求，在党的十九大报告之前，保险业有无倡导？在党的十九大召开之后，保险业有无落实？

"一片白云横谷口，几多归鸟尽迷巢。"十年前南怀瑾先生在《漫谈中国文化 金融 企业国学》一书中多次提及的这句话，今天看来，是多么富有哲理，对于保险业而言，可谓一针见血。

1982 年至 1986 年，我在中央财政金融学院（现为中央财经大学）攻读国际保险专业，毕业后在中国人保广东分公司国际部工作，1989年8月，我被中国人保总公司选拔外派到英国伦敦，在中国保险（英国）有限公司工作，1992年1月回国。这一期间，我在伦敦加入英国皇家保险学会并开始攻读 CII 资格，后获得 ACII 和 FCII 资格以及 Chartered Insurer 资格，2001年9月至2003年4月又一次到英国学习，2003年8月，我转到广东金融学院任教至今。

在英国学习期间，我对英国保险历史有了一些了解和认识，同时因为一直在广东工作，因此不但深受岭南文化的熏陶，而且对岭南保险也有深刻的认知和深厚的感情。比较而言，我们不但需要从国际视角了解世界保险历史，同时我们也应该补上民族保险历史这一重要、必要的基础课程。

1805年，英国商人在中国广州创设了第一家具有现代意义的保险机构——谏当保险行，广州由此成为中国现代保险业的诞生地和发源地。这是所有岭南人（包括广东、广西、海南、香港、澳门地区）值得自豪和骄傲的事情。

第二次鸦片战争后，保险业的重心从广东转移至新兴的城市上海。了解和熟悉保险知识的岭南人也随之北上，并为民族保险业的诞生开创先河，如香山人唐廷枢、徐润等。晚清重臣、洋务运动领导者之一的李鸿章创设民族保险业的梦想，委托唐廷枢和徐润亲自操盘，使保险招商局不断发展，成为民族保险业的一面旗帜。

岭南保险人为民族保险事业的发展殚精竭虑，呕心沥血，他们的故事值得记载，他们的精神值得弘扬。

今天，通过阅读守兵和瑞华两位同行著述的《百年燕梳情——岭南保险贤达事迹录》一书，详细了解了岭南人在保险领域的开拓性贡献，甚为欣慰。同时，通过这本图文并茂的图书，得以比较全面和系统地了解了岭南地区一代代保险人为保险事业而努力拼搏、奋发有为的事迹，更令我感动不已。

习近平总书记说："历史是最好的教科书。"本书对岭南地区保险业贤达事迹的精心汇编，是对十九大报告的具体落实，为岭南保险文化涂抹了厚重而靓丽的色彩，让岭南保险文化更具深度和宽度，为讲好岭南保险故事提供了更多优质内容，不但对挖掘岭南保险文化底蕴，弘扬岭南保险文化精神，促进岭南保险创新发展具有较高的历史文化价值，而且对于我们保险从业者树立高度的文化自信，以文化的自信建设自信的文化，凝聚精神力量也具有重要的现实意义。

是为序。

罗向明

2017 年 12 月 4 日

（罗向明系广东金融学院保险学院院长，中国保险学会理事，广东保险学会副会长，广州市人民政府重大行政决策论证专家）

目录 CONTENTS

"唐景星的一生，标志着中国历史的一个时代。他的去世……是一个持久的损失。"

——《北华捷报》，1892年10月8日

与同时期倒下的胡雪岩一样，资金链断裂的影响迅速扩散到生意的每一部分，造成了徐润名下产业全局性的垮台。45岁的"地产大王"怆然落幕。

令人叹息的是，郑观应的时代虽已远去，但他所遭遇的困厄与诘难，在今天仍不时闪现。

香港，成为将洪仁玕从一个流亡的农民起义领袖转变为一个面向世界的维新变法者的圣地。

上海市历史博物馆里收藏着一份1924年6月12日签发的保险单，当时香港火烛保险公司在保单上的中文名称为香港火烛燕梳公司。

"唐绍仪为人正直，有才干，对中国的未来怀有远大的抱负。"
——1953年，美国第31任总统胡佛回忆录 *The Memoirs of Horbert Hoover*

《中国日报》受到在港的保皇党人士叶恩等破坏及控告，涉讼多年，被官司牵累得有被拍卖停版的可能。为挽救该报，李煜堂慨然出资将《中国日报》买下，使这一革命喉舌的日报不致停刊，并支持该报经费达6年之久，直到辛亥革命成功。

陈卓平受中国传统文化熏陶颇深，崇尚太史公的立德、立功、立言"三不朽"之说。爱群大厦落成之日，他认为自己已有德于时、有功于世，唯欠立言一项，且年已花甲，须要抓紧遂此心愿。

"八年艰苦的抗战，以及接着而来的内战，中国的文化工作者们，是在怎样的一种情况下工作着、斗争着和生活着，而且是怎样捧出了自己的热血和生命，献给我们的文化、祖国和人民？"

——莫洛先生《陨落的星辰》

1977年，全国外贸系统召开先进集体和个人代表大会，党和国家领导人邓小平、叶剑英等接见全体代表，叶伟膺代表贸促会海损理算处参加接见并合影。同时，接受外贸部蔡树藩副部长授予的奖旗。

"唐景星的一生，标志着中国历史的一个时代。他的去世……是一个持久的损失。"

——《北华捷报》，1892 年 10 月 8 日

唐廷枢：从第一买办到保险先驱

唐廷枢

他是晚清一位贫苦农民的儿子，却成为中国近代最早的留学生之一，与中国第一位留美博士容闳同为香港马礼逊教会学校（以下简称马礼逊学校）的第一批学生，这得益于农民父亲的惊人之举。

他是一个一文不名的穷学生，却成为中国近代杰出的工商业者，创造了数以千万计的工业利润和商业利润，他靠的是知识，靠的是国家，靠的是开明的政治人才。

他就是唐廷枢——中国近代一位勇敢的探索者、开拓者和创造者，他创下了多个第一：

1842 年，进入马礼逊学校读书，成为中国近代最早的留学生之一。

1862 年，广州经纬堂出版了他的《英译集全》，这是中国人自己编著的第一部英汉字典。

1873 年，改组轮船招商局，创立中国近代第一个国有股份制企业。

1876 年，创办了中国第一家保险公司——仁和水险公司。

1877 年，创办了中国内地第一家用西法开采的煤矿——开平煤矿。

1879 年，派"合众"号试走檀香山、旧金山，开辟了第一条直达美国

的海上航线。

1880年，开挖中国第一条输煤运河——芦台至胥各庄运河。

1880年，主持建成了中国第一条自建标准距铁路——唐胥铁路。

1880年，使用中国第一台蒸汽机车——"龙号"蒸汽机。

1881年，派海琛号远航英国，开辟了第一条远航英国的海洋航线。

1883年，开采中国第一家塞外银矿——承平三山银矿。

1886年，创办了中国第一个铁路公司——开平铁路公司。

1887年，创办了中国第一座水泥厂——唐山细棉土厂。

这些第一，都凝聚了唐廷枢的知识、智慧、才干和勇气。

1984年，英国著名的跨国企业，唐廷枢曾经工作的怡和洋行出版了《蓟草与翡翠——怡和洋行150周年特刊》。特刊中这样评价唐廷枢："唐景星的出色事迹，即使是在任何国家，他也够资格被称为一名现代勇敢的创业者。"他不仅在怡和开创他的事业，而且通过这个关系，在他所进行的有政府赞助的航运与采矿事业中继续得益，其中有许多方案有助于中国的现代化建设。

正因为如此，当他走完60年人生的时候，洋务派领袖李鸿章在悼词中写道："中国可无李鸿章，但不可无唐廷枢。"

农民父亲的远见

唐廷枢（1832—1892），初名唐杰，字建时，号景星，又号镜心。1832年5月19日生于广东省珠海市唐家镇唐家村一个普通农家。靠海的唐家村临近澳门，是当时我国海上贸易兴起的地方。世代靠打渔种地为生的唐家镇人受到海外商业文明的洗礼——他们或经商，或外出打工，生活发生了巨大改变。

唐廷枢的父亲唐宝臣，是一个地地道道的农民，在唐家湾由农到商的历史性转变中，他既没有去淘金，也没有去经商，而是到马礼逊学校布郎校长手下听差，其目的是挣些钱养家糊口。这时的唐宝臣家境非常贫寒，夫人梁氏在农田劳作，他们养育了4个儿子，长子廷植，次子廷枢，三子廷庚和四子廷坚。

学校的听差工作，使唐宝臣大开眼界。他不仅见到了这里商贾云集的繁荣，还见到了英国人是如何靠知识统治这块土地上的中国人，所以他萌生了一个强烈的愿望：那就是千方百计要让儿子们到香港来读书。他想出了一个主意，那就是以给布朗听差8年作为条件，换取让两个稍大的儿子进入马礼逊学校读书的机会。

布朗是毕业于美国耶鲁大学的教育家。他深为这位朴实勤劳而富有远见的农民父亲作出如此惊人之举所感动，不仅欣然答应，而且很快签订了有效期长达8年的工役合同书。于是，唐宝臣两个稍大的儿子进入了当时开办不久的马礼逊学校，成了布朗早期的学生，这就是1827年12月出生的长兄唐廷植和1832年5月出生的唐廷枢，一个年仅15岁，另一个年仅10岁。

这在当时士大夫认为不可能的事，贫穷的唐家村村民唐宝臣实现了，而且一送就是两个儿子，这是马礼逊学校教育史上的奇迹。

唐廷枢是马礼逊学校最早的6名学生之一。唐廷枢在马礼逊学校学习6年，系统而扎实地学习了地文、算术，特别是英语。容闳在《西学东渐记》中记载："予入校是在一八四一年，先我一年而入者已有五人，黄君胜、李君刚、周君文、唐君杰与黄君宽也。""招商局现在的经理唐镜心和他的一个兄弟，都是Brown医生早期的学生。他们是Brown医生的一个苦力的儿子，唐镜心开头在海关，以后在怡和洋行任职，据我所知，他是从怡和被招来经理招商局的。"还有寿尔在《田凫号航行记》中提到的Brown就是布朗，学校就是马礼逊学校，招商局的唐镜心就是唐廷枢。

1848年，唐廷枢从马礼逊学校毕业了。1878年6月，上海《远东月报》曰："唐廷枢其早年教育，自1842年（道光二十二年）至1848年（道光二十八年）所受之于香港马礼逊教会学校。"唐廷枢后来也自称："我曾经受过彻底的英华教育。"

中国买办第一人

唐廷枢毕业时年仅16岁，便开始当起了"仆人"。他在香港一家拍卖行里，当上了职位很低的助手，一干就是3年。因为收入低，所以他在1851年到香港英国人开设的巡理厅当翻译。1858年，他被大伯乐李泰国发现，担任了上海海关副大写。这是唐廷枢第一次到上海，这成了他走向洋行买办的转折点。

此时的上海，正是中西互市的高峰期。各国商贾云集沪上，中国商人也趋之若鹜，上海空前发达起来。唐廷枢就是在这种背景下来到上海的。

这时的唐廷枢已有了一定的资本，在上海独立经营修华号棉花行，代理洋行收购中国的棉花。经过13年的历练，29岁的唐廷枢已在拍卖行、巡理厅和海关学到了许多法律、商贸及管理等方面的知识，他开始不满足自己的现状，寻求更广阔的发展之路。

唐廷枢瞄上了怡和洋行。

当时英国怡和洋行因其在上海规模最大而被称为"洋行之王"，经营进出口贸易、长江和沿海航运及纱丝等众多业务。1861年，唐廷枢还在上海海关任职时就与怡和洋行的经理惠代尔关系密切，为怡和洋行代理长江一带的揽载生意。两年后，唐廷枢正式受雇于怡和洋行任总买办。

1863—1872年，唐廷枢在怡和洋行买办的位子上干了10年，为怡和洋行打理库款、收购货物、经营航运和地产等。

在怡和洋行工作的这段时间，精明的唐廷枢在商界建立了更广泛的人脉关系，除了给怡和洋行打工外，他还拓展了自己的生意——在上海与其他人合伙开了3家茶庄，成立了自己的事务所，并附股了一些以怡和洋行为主的外商在华企业。这时的唐廷枢已看好保险业的前景，附股了怡和洋行经营的谏当保险公司。该公司的前身是创设于1805年的中国第一家保险公司谏当保安行。

在怡和洋行的10年，唐廷枢凭借左右逢源的人际关系及精到的商业实务和法律知识，成为上海滩的华商领袖人物。当时怡和洋行在其出版的小册子中感叹道："唐廷枢是中国第一位现代买办。"

贵人提携　执掌招商局

19世纪中叶，外商轮船公司凭借政治特权和现代化轮船，迅速垄断航运业。对此，朝野震惊，议论纷纷，清政府于是有创办华商轮船企业以求挽回利权并解决漕运的议论。

1872年12月26日，清政府批准李鸿章提出的关于设立招商局的奏章——《设局招商试办轮船分运江浙漕粮由》。

1872年12月23日，李鸿章奏准奉旨试办轮船招商局，派朱其昂、朱其诏至上海招商兴办。1873年1月，上海轮船招商公司正式开张，半年后改名为轮船招商总局（以下简称轮船招商局）。朱其昂经营了半年，很不景气。轮船招商局濒临破产——资金链断裂，生意枯竭。

在"第一买办"的位子上，唐廷枢已经挂名退隐，闭门博览经史。步入不惑之年，唐廷枢深切地感到自己再富足也不过是寄人篱下，贫弱的国家让人生失去了尊严。

轮船招商局总办朱其昂急火攻心，不得不求助于唐廷枢出山。时任轮船招商局会办的盛宣怀开始还有些不以为然，当朱其昂介绍了唐廷枢的财力和才能后，他不得不佩服，并火速奔往天津，将朱其昂举荐唐廷枢的信函面呈李鸿章。于是，李鸿章任命唐廷枢为轮船招商局总办。

唐廷枢的确是执掌轮船招商局的最佳人选。他在商海拼搏多年，不仅在全国主要商埠都有他的商行，他还是公正、北清两家轮船公司的华董事，并与怡和洋行组建了华海轮船公司。他还投资购买了6艘轮船行驶在沪津、沪汉及沪宁等航线上。另外，多年的买办生涯使他对轮船招商局的竞争对手了如指掌，占得竞争先手。

唐廷枢虽赋闲在家，但依旧关注着商海变幻，对轮船招商局的软肋和潜在优势了然于胸。执掌轮船招商局后，唐廷枢一方面借助"官督"的背景，游说清政府指令性发文承接长江漕运业务，为航运业务来源打下基础，并多方活动，获得清政府拨款，缓解了资金短缺的困境；另一方面，他又借助自己在商界的影响力，描绘轮船招商局的发展前景，以优厚回报吸引巨商富贾入股。至1874年，实收股金47万余两，一改轮船招商局成立一年来股本金不足20万两的低迷局面。1881年募足股本100万两，1882年又增募100万两。经过几年时间，轮船招商局脱胎换骨，成为中国第一家股份制企业，公司股票可转让及公开发行，开创了中国股市的先河。

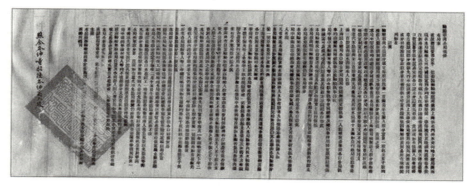

《轮船招商局规条》

在怡和洋行积累的工作经验，使唐廷枢效仿西方股份制模式，在募股书上对资金使用、盈利及回报等项作了明确的规定，制定了《轮船招商章程》《轮船招商局规条》，这是中国最早的民族企业创设现代企业制度的雏形。

轮船招商局 1877 年以 220 万两收购美国旗昌轮船公司的产业，船只由 12 艘增至 30 余艘。外商轮船公司于是联合起来削减航运价格，挤压轮船招商局。唐廷枢借助李鸿章的政治势力和经济资源，促使外商轮船公司不得不与轮船招商局达成协议，协同定价。在唐廷枢的运筹下，崛起的轮船招商局在外商航运巨头面前有了话语权。

创办保险招商局

1872 年上半年，吴大廷在答复李鸿章关于创办轮船招商事宜的"五难"中，其中一项即为"保险难"；1872 年 8 月，在朱其昂的方案中，重要的内容就包含轮船招商局创办后的保险方案——"商局轮船先向外国保险，倘外国不肯保险，准由机器局（江南制造局）或商局自行保险"；而李鸿章本人，在轮船招商局成立之前，即明确要求设法办理船业保险，他在上奏清政府的《筹议制造轮船未可裁撤折》中，就曾表示："华商领官船自树一帜，洋人势必挟重赀以倾奇，则须华商自立公司，自建行栈，自筹保险。"

当时，由于中国船舶保险市场被外商保险公司垄断，外商航运公司和保险公司对轮船招商局采取挟制态度，企图挤垮并扼杀新兴的民族轮船公司。例如，轮船招商局的轮船首航需要办理船舶保险，外商保险公司开始时借口中国轮船悬挂的是龙旗和鱼旗，拒绝承保。后来经过再三洽商，英商怡和洋行和保安行才勉强同意承保，各保银 15000 两，共 3 万两，并以 15 天为期，当时保险费率竟高达 10%。

唐廷枢多年操持航运业务，深知轮船招商局时刻不能脱离保险，可外商保险公司的投保条件实在苛刻：一艘购置成本为10万两白银的船舶，外商只限保6万两，超过部分只能自保，且保费按月"一分九扣"，也就是说年保险费率高达12%，如此高的费率在唐廷枢看来无异于勒索。

唐廷枢在轮船招商局就任后不久，就开始考虑如何克服轮船保险这一大漏卮。在他主持修订的《轮船招商局章程》《轮船招商局规条》中，就明文提出"栈房轮船均宜保险"，栈房可向保险行保火险，"本局招商畅旺，轮船愈多，保险银两愈重。拟由本局自行保险，俟银两积有成数，再行设立公司，广为保险"。

1875年，一起恶性的意外事件使得轮船招商局自办保险的意愿越发迫切，这就是轮船招商局史上著名的"福星"号事件。

1875年4月4日，"福星"号轮船途经黄海时，与英国商船"澳顺"号相撞，"福星"号沉没，63名船员丧生，货物悉数沉没，肇事的"澳顺"号却安然无恙。

唐廷枢为此痛心不已，他意识到，发生一起海损事件，就有可能把轮船招商局大半年的利润赔进去，轮船招商局自设保险已经是刻不容缓。经过和轮船招商局高管商议，报经李鸿章批准，唐廷枢决定仿照轮船招商局模式，集股招商，组建保险招商局。

1875年11月初，唐廷枢、徐润以及汉口、天津等12个分局的局董联名在天津《益报》和上海《申报》刊登《保险招商局公启》（以下简称《公启》），详细申明了保险招商局的创办宗旨、募股方法等内容，向社会募集投资，筹备保险公司。

《公启》公布了第一批办理保险业务的口岸为镇江、九江、汉口、宁波、天津、烟台、营口、广州、福州、香港、厦门和汕头，第二批为台北、淡水、基隆、打狗（今高雄）以及新加坡、吕宋、西贡（今胡志明市）、长崎、横滨、神户、大阪和箱馆（今函馆市）等外埠口岸。

《公启》实际上是一篇极好的可行性报告，报告一出，立即受到国人的热烈好评和华商的积极响应。截至1875年底，保险招商局招股股金达20万两，超过了原定的15万两。招股完成后，保险招商局于1875年12月28日正式在上海成立，业务也进展顺利。

《申报》于同日发表了《华人新设保险局》的评论："查华商装货保险为习者，已实繁有徒，而向设保险公司者，唯西人独揽其事，今见华人倡设此举，想华商无有不为之庆喜者。"

上海英国领事麦华陀在1875—1876年商务年度报告中总结道：上年保险业有两件大事值得注意：一是英国保险公司的主要竞争对手中日水险公司退出市场；二是与轮船招商局有隶属关系的华商保险公司成立，该公司的成立加大了市场供给，促使一些外国公司退出竞争。

保险招商局由轮船招商局掌控，其股本全部存在轮船招商局，由其统筹使用，每年按15%的利率付息，各项保险业务则委托轮船招商局及其分支机构代理。

保险招商局的创办，不仅抵制了外商保险公司在船舶保险和货物运输保险业务上的控制，同时也有力地支持了新兴的民族航运业，说明华资保险业的创设，一开始就是在与外商的斗争中得到发展的。

保险招商局开办半年后，随着保险业务不断增加，保险招商局的承保能力难以满足市场需求。

顺势发展　再设"仁和"

1875年保险招商局创办以后，由于中国人自办的船舶保险和货物运输保险受到了民族工商业的欢迎和支持，保险业务随之不断增加。当时每艘船舶的价值一般为10余万两，但保险招商局对船舶价值和货物价值只能分别承保1万两和3万两，以后又增为船舶价值2万两和货物价值4万两。溢额须向外商保险公司转保，而外商保险公司只限保六成（6万两），余下的风险责任仍归轮船招商局承担，轮船招商局风险太大。

为此，唐廷枢、徐润、陈菱南、李积善等发起招股集资，另行成立仁和水险公司。光绪二年闰五月十二日（1876年7月3日），《申报》刊登《仁和保险公司公启》，公开向社会各界招股20万两，分作2000股，每股100两。后因投股者踊跃，又增股5万两，共为25万两。

光绪二年七月一日（1876年8月19日），仁和水险公司开张。仁和水险公司把全部股款存入轮船招商局，并委托其代为管理一切业务。

随着航运业务的不断发展，至光绪三年正月（1877年3月），轮船招商局以规银220万两的价格购买了美商旗昌轮船公司的16艘轮船及各处码头、栈房等全部财产。船只倍增，决定所有局轮统归自保，以辟利源。原来与外商保险公司签订的代保船舶保险六成的协议遂行终止。同年二月十八日为外商保险公司结账之期，唐廷枢、徐润等遂与外商保险公司商定，以后各自的轮船一律收回自保。仁和水险公司创办后股本由原来的25万两，迅速扩大到50万两，进一步增强了承保能力，并购买了旗昌轮船公司在上海及各地的所有资产，挽回了民族利权，增加了保险业务和收益。民族保险公司在与外商斗争中得到发展。

由于仁和水险公司只保船舶保险和运输保险，不保码头、栈房和货物的火灾保险，而码头、栈房和货物这些保险业务每年仍须向外商投保，数额较大，保险费支付很多，利权外溢，因而又招股20万两另行创设济和船栈保险局。济和船栈保险局于光绪四年三月十五日（1878年4月17日）成立，专保仁和水险公司的溢额和轮船招商局的码头、栈房和货物的火灾保险业务。

此后，唐廷枢推举粤人张慎之为"江孚轮"船主（船长），招致外商嫉妒，因为以往船主均为外国人担任。华人首次担任船主，外商保险公司对船主职务落于华人之手深怀不满，借口华人任船主而拒绝接受货物运输保险。为了抵制这一蛮横行径，维护民族尊严，乃采取断然措施，在济和船栈保险局股本20万两的基础上，增股30万两，共为50万两，扩大经营范围并改名为济和水火险公司。

仁和水险公司（以下简称仁和）、济和水火险公司（以下简称济和）相继设立，资本共达100万两，承保和竞争的实力大大增强，因而减少了外商的掣肘，在赔补海事损失与增强轮船招商局自身实力方面发挥了重要作用。两家公司承保客运货物和船舶保险业务，兼保陆上港口仓储货物设备、房屋等火险业务，并把业务推展到国内口岸各埠以及南洋新加坡、小吕宋等国外商埠。

至光绪十年（1884年），轮船招商局账略上，保险项目下的公积金已达45万余两。外商保险公司看到华商保险公司实力雄厚，业务兴旺，被迫接受既成事实，所采取的种种刁难和挟制的伎俩也大大减少。仁和、济和两家公司的创设，不但发展了民族保险业自身力量，而且增强了轮船招商局同外商航运业竞争的实力。

官商体制　困局难破

仁和、济和两家保险公司从开办以来，股金存在轮船招商局，业务也都委托其代办，实际上是轮船招商局的附属机构。承保的业务都是轮船招商局的船舶保险和货物运输保险，因而经营范围有一定的局限性。由于历史的原因，轮船招商局和仁和、济和两家公司的股份和股票持有人并不完全一致，但这两家保险公司的股金却都归存于轮船招商局，被其长期占用。

最初，股金在轮船招商局借款中约占14%，至1883—1884年金融危机时期，已约占40%，因而轮船招商局对两家保险公司的依赖程度更显重要。此外，两家保险公司的主管人员并非全部由轮船招商局所委派，因而在管理上步调不很一致，也就会产生一些分歧。要解决这些矛盾，就必须划清这两个单位的经济权限，合理地调整管理体制。

轮船招商局是官督商办，这种制度的主要弊端在于官僚争权夺利、贪污腐败、收受贿赂、中饱私囊以及侵犯商股权益。

1883年中法战争爆发后，法舰驶抵吴淞，沪上人心恐慌，各项股票涨落不定。上海市场爆发了金融风潮，商号、钱庄发生萎缩和倒闭风波。一

仁济和水火险公司开办广告

向靠钱庄贷款来周转资金的轮船招商局陷于十分被动、拮据的局面。结果由李鸿章拨银36万两，又以轮船招商局在沪栈产向天祥、怡和等洋行押款74.3万余两清还欠款。

恰在此时，会办徐润长期挪用公款16.2万两事发，又因他投机地产失败，宣告破产。于是盛宣怀借机发难，向南洋大臣、北洋大臣极力诋毁唐廷枢、徐润主持下的轮船招商局："本根不固，弊窦滋生，几难收拾。"徐润遂被清政府革职。

唐廷枢当时在美洲考察，回国后，深感进退维谷。鉴于徐润的教训，唐廷枢于1885年夏离开了轮船招商局。

李鸿章决定以盛宣怀接替唐廷枢主持轮船招商局。当时盛宣怀凭借权势以低价购进大量股票，使自己成为轮船招商局举足轻重的大股东。为了摆脱轮船招商局的困境，重振保险业务来争取资金方面的好转，确定合并仁和、济和两家保险公司。1886年2月，召开仁和、济和两家保险公司董事

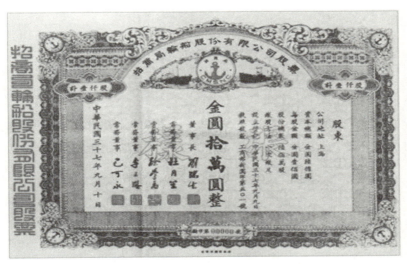

招商局轮船股份有限公司股票

会议，经协商决定把仁和、济和合并为仁济和水火险公司，资金为100万两，重新推举8名董事负责公司事务。

仁济和水火险公司资金雄厚，大大加强了在保险市场上的实力和竞争能力。外商保险公司也鉴于既成定局被迫妥协，同意按较低的费率和保险业经营惯例，承保和接受华商的分保业务。新成立的仁济和水火险公司名义上是独立的，实际上仍按照原来的章程办事。保险业务仍由轮船招商局代理一切。设办事董2人主持仁济和水火险公司日常工作，办事员5人办理保险业务。轮船招商局各分局的保险业务收入单独列账，并每月汇总上报总局。各分局扣保险费的5%作为代理费。至年底加给回俸酬劳一成。因此，虽成立了仁济和水火险公司，但并未彻底改变与轮船招商局的隶属关系。

1886年6月，北洋大臣李鸿章派道员朱极仁驻局专司办理仁济和水火险公司事务，这样就更加深了封建官僚的把持和勾结。保险招商局以及仁和、济和保险公司创设以来，虽然获得了一定的利润，但是因与外商保险

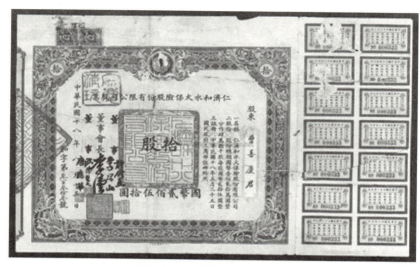

仁济和水火保险股份有限公司股票

公司的激烈竞争，导致保险费率降低跌价，加之合并为仁济和水火险公司以后，经营管理仍没有显著改变，所以保险业务也没有大的进展。从1886年成立到1891年，仁济和水火险公司每年保险费净收入只有几万两，除去酬劳奖赏及其他开销，经营5年，净得公积金（纯利）11.3万余两。又由于股金大部分归存在轮船招商局，长期被其所占用，而仁济和水火险公司自身可利用的再投资份额甚小，因而资金积累缓慢，以致在保险市场上处于一蹶不振的状态。

根据《招商局史》《中国保险年鉴》《清查整顿招商局委员会报告书》等有关资料的记载，由于轮船招商局自身的衰落，加上外商航运公司的排挤、跌价竞争，以及军阀政府时期多年混战，强令扣船征用，所以轮船招商局在1920年亏银达2000万两。仁济和水火险公司大部分资金滞留在轮船招商局，无法收回，影响资金周转，本身发展受到很大影响，虽几经改革，但仍难以维持。根据1937年《中国保险年鉴》刊载，仁济和水火险公司经股东会议决定，暂行缩小业务范围，停办水火险业务。

唐廷枢陪同李鸿章视察开平煤矿

招商局所属的保险公司有了雏形后，唐廷枢受李鸿章的委托，以招商局总办的身份开始筹办开平矿务局。1885年以后，唐廷枢则完全脱离招商局，专心经营开平煤矿。

三声长笛的告别

1892年10月7日，唐廷枢在天津开平矿务局总办任上病故。

1892年10月8日，上海最早的英文报纸《北华捷报》发表沉痛的消息："唐景星先生于昨天中午逝世，这使所有关心中国进步的人都感到哀悼。"李鸿章亲自主持了公祭仪式，泣而痛曰："要找一个人来填补他的位置是不容易的。"

唐廷枢死后，中外各界深表惋惜，各国驻津领事馆在公祭日下半旗致哀。在灵柩南归途中，有13个国家的商务员搭乘专船护送至唐家湾海面离去。英国太古、怡和两家轮船公司的商船均鸣长笛三声，以示最后的告别。

唐廷枢的墓地选择了现在珠海市吉大村的一处山顶上。

与同时期倒下的胡雪岩一样，资金链断裂的影响迅速扩散到生意的每一部分，造成了徐润名下产业全局性的垮台。45岁的"地产大王"怆然落幕。

徐润：岂止是地产大王

徐 润

徐润（1838—1911），又名以璋，字润立，号雨之，别号愚斋，香山县北岭乡（今广东省珠海市北岭村）人。说起徐润，许多人以为他是叱咤上海滩的"地产大王"，但是，这个最早的商业地产大亨的人生道路，却并非从地产开始。

徐润出身于买办世家。他的伯父徐昭珩是上海宝顺洋行的买办，堂族叔徐关大是上海礼记洋行的买办，叔父徐瑞珩在上海开埠不久即经营荣记丝号。

买办是指受雇于外商并协助其在中国进行贸易活动的中间人和经理人。鸦片战争前，买办大致分为两类：第一类是专为外商船只采购物料及食品的商船买办；第二类是在外商商馆中为外商管理总务及现金的商馆买办。买办一职，受到封建政府的严格控制，中国人不能随便充当，外商也不能任意选雇。为打破这项控制，1844年中美《望厦条约》规定，雇觅跟随买办及延请通事等事项，由外商与中国人自行协议，中国地方官不得干预，买办的身份与性质从此完全听从外商东主的决定。最初，外商进入新开口岸，大半雇用广州原有的买办或由他们荐引的故旧亲友。至19世纪60年代，通事、买办已成为士、农、工、商之外的另一个行业。买办与外国在华洋行之间立下保证书与合同后，就可领取工资或佣金收入。

宝顺洋行大厦

　　鸦片战争后，外商放手派遣买办携带巨款深入内地进行商品购销、磋商价格、订立交易合同、收付货款以及保证华商信用等活动。这些买办成为洋行业务的实际经理人或外商代理人。

　　少年时期的徐润离开家乡，来到上海，跟随叔父徐瑞珩谋生。开始他在苏州书院读书。15岁那年，他进入了伯父徐昭珩"总理行内办房事务"的宝顺洋行学艺办事。由于其勤奋好学，又有悟性，学徒生涯中即被洋行看重，19岁获准入上堂帮账，24岁升任主账。不久，他接任副买办之职。从此他开始走上发迹之路，并成为洋务运动中著名的"四大买办"之一。

近代茶王

　　中国是世界茶叶原产地，千百年来中国茶叶不但独占世界茶市，是世

1760—1833 年茶叶出口统计表

年 份	茶叶量(捆)	价值(银两)
1760—1764	42055	806242
1765—1769	61834	1179554
1770—1774	54215	963554
1775—1779	33912	666039
1780—1784	55590	1130059
1785—1789	138417	3669266
1790—1794	136433	3575409
1795—1799	152242	3864126
1800—1804	221027	—
1805—1809	167669	—
1810—1814	244446	—
1815—1819	222301	4464500
1820—1824	215811	5704906
1825—1829	244704	5940541
1830—1833	235840	5617127

界茶叶消费的唯一来源地，而且外销历史悠久，在中国贸易中的地位十分突出。17世纪，就有荷兰人来澳门购茶，然后通过陆路把大宗茶叶运到俄国。18世纪开始，茶叶出口价值超过丝绸、瓷器等传统出口商品，成为出口创汇的支柱货物。当时海路出口量日增，茶叶以运往英国为主。1833年以前，中英贸易为英国东印度公司所垄断，而茶叶占该公司自中国出口商品总值的80%~90%。鸦片战争前，全部水陆出口茶叶年约45万担，占茶叶总销量的23%左右，价值约858万两，在相当长的时期内茶叶居于中国出口商品的第一位。当时出口茶价很高，红茶每担为26两，绿茶每担为24两。当时因为只留广州"一口通商"，茶商将茶叶由江南产区翻越大庾岭运至广州，路途艰难遥远，需要6~8周，费用很大，而出口业务由广州十三行经手，大部分利润被十三行及东印度公司赚去。东印度公司经营茶叶利润年达350万英镑，英政府也获得高额税收。

鸦片战争后，外贸中心转移到上海。徽州绿茶集中在屯溪，由新安江经杭州转运上海；祁门红茶或经屯溪，或经九江运到上海。水运都不过10日，浙东平水茶由绍兴起运，经杭州到上海，只需5日；而武夷山茶运到福州出口，只需4日。上海、福州成为两大茶叶口岸，1856年，上海出口茶叶44.5万担，福州出口茶叶30.7万担，两个口岸共占全国茶叶海运出口量的77%。

第二次鸦片战争后，清政府被迫增开中国北部沿海口岸和长江沿岸口岸。汉口开埠，成为华茶区的出口口岸。原来通过陆路运往俄国的砖茶也改由汉口出海。1881年，上海出口茶叶62.3万担，福州出口茶叶66.3万担，汉口出口茶叶26.8万担，三大茶埠出口量占全国茶叶出口量的73%。从事茶叶出口的华商，也以此三大口岸为中心，进行运销。

这时徐润已成为统领宝顺洋行各分行的总买办。他敏感地预见到黄金水道——长江的航运业将大有前途，于是积极购置江轮和船坞，并在烟台、天津、镇江、芜湖、九江和汉口等地设立分行，建成了一支颇有实力的航运船队，将发展进出口贸易和航运业作为洋行的主要业务。

借助船队的扩张，徐润还将贸易活动扩展到日本的长崎、横滨及神户等埠。这个时期，宝顺洋行上海总行和各分行每年的进出口总值达到白银数千万两，盛极一时。徐润作为洋行的总买办，经手巨额进出口生意，可以按上海洋商总会规定提取3%的佣金。由此，他积累了相当可观的财富。

1866年伦敦爆发金融风潮，并很快波及上海，许多洋行破产，宝顺洋行也未能幸免。1868年，徐润脱离了宝顺洋行，自立门户经商，并作出了他的第一个选择——开设茶栈。这时，他在洋行时学习和积累的进出口贸易经验，与各口岸建立的商务关系，掌握的广阔市场、货源以及积累的资本等都为他后来的创业奠定了坚实的基础。

徐润在上海开设茶栈，取名宝源祥，随后他又在湖南、湖北产茶区增设了多处茶栈，并遴选得力人员负责管理，构筑自己的茶业收购及销售网络。借助这些散布在各个产茶区的茶栈，他可以清楚地了解各茶区的收成，掌握多条供货渠道，并针对英、美、俄等国消费者的不同喜好，源源

广东中山籍商人群像（左一为徐润，左二为唐廷枢）。

不断地向各国洋行提供合适的出口货源，而且根据行情随时调整茶价，谋取高额利润。徐润和唐廷枢等人一起创办了上海茶业公所，对上海及其周围广大地区的茶叶贸易进行控制。

1868—1888年，正是近代中国茶叶输出最兴旺的20年，其中1886年茶叶输出量达268万担，创茶叶出口的历史最高纪录。这个纪录直到整整100年后的1986年才被打破。当时上海的茶叶出口量占全国出口总量的2/3以上，而宝源祥茶栈又是上海最大的经营出口茶叶的茶栈。因此，有人将徐润誉为"近代中国的茶王"。

因航运结缘保险

洋务运动时期的四大买办分别是唐廷枢、徐润、郑观应和席正甫。四人之中就有三人的命运与李鸿章的轮船招商局有牵连。当初李鸿章筹建轮船招商局的时候，唐廷枢和徐润已经是名望很高的买办。进入轮船招商局

轮船招商局总局大楼旧址

轮船招商局购买的第一艘轮船——伊敦轮

之前，他们两个都已经给各自的外国洋行东主在中国打下了"大好江山"。

轮船招商局是中国近代洋务运动中最大的经济实体，总局设在上海。开办轮船招商局，成败的关键在于资金的筹集，但到1873年，轮船招商局资金尚不足20万两。李鸿章只得将轮船招商局由官办改为官督商办，委任唐廷枢为总办，徐润为会办。鉴于徐润具有善于同西方人做生意的本领，被分派主管经营业务。

随后，轮船招商局开始进行新一轮招股，拟定首期招股100万两，徐润本人首先附股24万两，又广招亲友入股，这在商界和社会上引起普遍反响，入股者踊跃，100万两很快招齐。之后，轮船招商局决定再招股100万两。徐润又认股24万两，另外招徕亲友继续入股。这样，由徐润经手招集的股金占轮船招商局全部资本的1/2以上，使轮船招商局资本充实，运作自如。

因总办唐廷枢兼办开平煤矿等其他事务，一年中有大半年不在局里，轮船招商局实际上由徐润主持。在主持局务期间，徐润采用先进的经营管理方法，明确规定轮船招商局的经营以揽载为主，漕运为次。

轮船招商局收购旗昌轮船公司

轮船招商局成立后，当即在长江航运中与洋商"大打出手"。当时，势力最大的轮船公司是美国的旗昌洋行和英国太古洋行。旗昌洋行曾看重徐润，欲高薪聘请他。只不过，徐润最终决定投奔轮船招商局。当时长江航运市场中，轮船招商局有李鸿章撑腰，又有唐廷枢、徐润两人合力经营，无论是政策上还是经营上，都给外商洋行造成极大的竞争压力。就算两大洋行联手订立"齐价合同"，也无济于事。两大洋行的股票价值不断缩水。最终，旗昌洋行的股东会决定退出航运业，把公司转卖给轮船招商局。自此，轮船招商局规模得到扩大而威势日盛，并进而控制了长江航运、沿海航运的大部分经营权，奠定了中国近代航运业的基础。

参与创办三家保险公司

1875年以前，轮船招商局的船舶和货物只能向外商设在中国的保险公司投保，不仅保险业利润被外商赚去，外商还恃此联手排挤打击轮船招商局。特别是轮船招商局在长江航道与旗昌洋行、太古洋行展开竞争之后，外商借助保险公司的优势，几度试图挟制轮船招商局，想将当时的民族航运业扼杀。"福星"号事件之后，更是凸显了中国近代航运业没有民族保险的后顾之忧。为此唐廷枢与徐润联合其他12个分局局董发起创建保险招商局。

保险招商局成立之后，鉴于承保能力非常有限，当时每艘船的价值一般为10余万两，但保险招商局对船舶价值和货物价值只能分别承保1万两和3万两，溢额须向洋商保险公司投保，而洋商保险公司只限保六成，剩余风险仍需由保险招商局自己承担，且"转保于洋商，傍落利权，能无介意"。于是，1876年7月，唐廷枢、徐润等人公开招股，另行成立仁和水险公司，集股50万两。仁和水险公司不仅为轮船招商局的轮船和货物承保，而且还承保外商的轮船和货物，生意兴旺，获利丰厚。

但是，由于仁和水险公司只承保船舶保险和运输保险，码头、货栈的火灾等保险业务仍需向外商投保，因此每年投保费用数额很大。为了解决这个问题，在唐廷枢、徐润等人的主持下，1878年4月在保险招商局原股份的基础上，又招股20万两，成立济和船栈保险局。后来，唐廷枢推举张慎之为"江孚"轮船长。这是华人首次担任船长，之前这个职务一直由外国人担任。洋商不满于此，拒绝接受货物运输保险。于是，济和船栈保险局增资至50万两，扩大经营范围，更名为济和水火险公司。

随后的几年，仁和水险公司和济和水火险公司的业务扩展到海外，获利丰厚。由于仁和水险公司和济和水火险公司的实力逐渐雄厚，外商保险公司刁难华商的行为也大为减少。

1883年中法战争的爆发引起了上海金融风潮，轮船招商局陷入了非常拮据的处境，仁和水险公司和济和水火险公司也深受影响。徐润更是倒在了这次风潮之下。为重振雄风，1886年2月仁和水险公司和济和水火险公司合并为仁济和水火保险公司，股款都存于轮船招商局。然而，从1888年开始轮船招商局由"官督商办"进入"官办"阶段。到1920年，轮船招商局亏银达2000万两。由于仁济和水火保险公司的大部分资金滞留在轮船招商局，严重影响了它的经营，业务慢慢萎缩，最终于1934年10月停业。

从轮船招商局招商募股，到这3家保险公司的成立，整个过程中，徐润都发挥了重要作用。他借鉴西方先进的经营模式，创办国人自己的保险公司，有力地推动了民族航运业及民族保险业的发展，实为中国保险事业之滥觞。

成也地产　败也地产

宝顺洋行的第二任大班韦伯任满回国之前，曾与自己的继任者阐述自己对上海的认识，言语之中，对上海的地位非常推崇，认为上海的房地产业未来必然会不断发展。他曾言道："扬子江路至十六铺地场最妙，此外则南京、河南、福州、四川等路可以接通，新老北门直北至美租界各段地基，尔尽可有一文置一文。"

这段话给从旁侍候的徐润留下深刻印象，也让他重新认识到土地不仅是用来种地收租的，还可以做商业地产。当时的他虽然并没有钱，但是却始终记得这句话。随着自己从学徒逐渐升上来，他手头的活钱也越来越多，但是这仍然不足以支撑他的地产梦。于是他选择与自己的伯父徐昭珩合作，做了自己人生第一笔投资——用48000两合买了余庆里的一栋房子。之后，他又跟好友叶顾之、潘爵臣以31000两的价格，合买了二摆渡的一所宅院（其中包括10亩地）。

1862年，太平军兵锋两度逼近上海，导致上海时局不稳，地产价格也随之出现动荡。徐昭珩开始担心投资受损，打算把余庆里的房子卖了，于是找徐润商议。徐润听了伯父的想法，劝说道："上海自泰西互市，百业振兴，万商咸集，富庶甲于东南，地价日益翔贵，以今视昔，利逾百倍。"在徐润的劝说下，徐昭珩放弃了卖房的打算。最终事实证明，徐润是对的。在太平军对上海的攻势被瓦解之后，上海房地产业迎来了太平天国战乱之后的第二春。大量国际、国内资本通过各种白色、灰色乃至黑色渠道，涌进上海房地产市场。这座东方大都市迅速成为一个巨大的工地，"棚户区"被大规模拆除，两层砖木结构的石库门里弄房屋次第而起。地价的飙升让中外地产企业以及上海地方政府欣喜不已。徐润敏锐地预感到太平天国覆灭后上海将迎来百业振兴、万商咸集、地价日益腾贵的商机。于是，他在经营茶业的同时，开始放手投资房地产业。徐润的判断让他抓住了这一次地产高潮的尾巴。1863年，太平天国覆灭前一年，他就已经在上海拥有2960余亩地和2064间屋。

徐润在上海的房地产多集中在其一家叫做地亩房产公司名下。该公司总资本约为220万两，资产总市值约为350万两，每年可收租金12万两，约5%的回报率。在当时高利贷盛行的中国商界，这一回报率并不丰厚，所图无非是"地价日益翔贵，以今视昔，利逾百倍"，他看重的还是"炒"地皮。除了地亩房产公司外，他还先后和华商、外商合创了上海地丰公司、宝源祥房产公司、业广房产公司、广益房产公司及先农房产公司等，成为

25

了当时上海滩华人买办中的商业地产龙头人物。

其实，在徐润所处的那个时代，作为传统意义上的买办，一般对投资不动产并不热衷，即使涉足，也无非是买下农地，过过大地主的瘾。汇丰银行的第一任买办王槐山，就在家乡浙江余姚购置了7000多亩土地，成为大地主。在买办中，能投资商业房地产，徐润算是比较前卫的，这多半也是因为他比较年轻，听进了宝顺洋行洋股东的建议。

由于徐润与外商有较密切的联系，总是能够事先了解到租界的规划，从而先在规划中的中央商务区或交通要道两侧，以低价买进土地，囤积牟利。严格地说，他并不是经营房地产，而是倒卖土地及项目，所赚的其实还是内幕消息所带来的巨额利润。但房地产毕竟是一个资金密集型行业，要在上海滩与国际大资本家同台游戏，徐润的实力还是太弱了些。他所能依靠的，就只有金融杠杆了。

最初，徐润计划将名下的地产资产打包"上市"，设立一家名叫宝源祥房产公司的开发企业，折价为400万两，分为40万股，每股10两，先发行一半，融资200万两。这有点类似于现在REITs（房地产投资信托基金）的做法，自然是一条康庄大道，唯一的"坏处"，就是要和其他投资者一起分享这块蛋糕。对此，徐润当然是舍不得的，尤其是在他发现了一条更为有利的融资渠道后。当时，他的一位英国友人顾林给他提出了一个诱人的方案：以这批房地产为担保，到英国筹集一笔价值200万两的低息贷款，20年期，此路若通，既能融入资金，又可保有股权，自然是上上策。正发愁资金的他对此颇为赞同。但可惜的是顾林回到英国后，因患脑病而致癫痫，这个大手笔的计划也因此夭折。

基于对上海房地产前景的坚定信心，徐润决定宁借高利贷，也绝不释放股份，将"肥水不流外人田"作为融资的前提。为此，他确定了自己的三条主要融资渠道：

一是钱庄贷款，这是主流，而且多用房地产抵押，借贷一笔，开发一批，再拿新开发的项目作为抵押，继续新一轮的借贷，类似于今日的"滚动开发"。

二是股票质押贷款,将自己持有的其他产业的股票抵押贷款,这等于是将其他产业也当做了房地产的资金链。

三是挪用各种能挪用的其他款项,包括其他产业上下游的欠款,甚至还包括"存户款"(估计应是客户的预付款之类)及公款。

最后的这项举措,最终成为了他被对手击倒的重要原因。

一方面有充足的内幕消息可获得市场先机,另一方面又有似乎取之不竭的资金来源,徐润的房地产生意越滚越大,他自己也越来越自信。二十年间,徐润的地产事业不仅在上海,还在天津、塘沽、广州及镇江等地也发展顺利。

然而,就在他自以为高潮将绵延不断时,法国人却将军舰的炮口对准了上海:中法战争爆发,高潮被强行中断了!

1883年,中国与法国因越南问题开战,战线从越南一直北上,延伸到台湾、福建及浙江等地。法国派出军舰,封锁上海港口,对进出船只进行盘查,并扬言将发起地面进攻。而两江总督曾国荃也针锋相对,甚至制定了用沉船封锁黄浦江的计划。剑拔弩张之下,上海百业凋敝,房地产币值一落千丈,对此毫无准备的徐润,虽然实力颇强,也抵不住形势所迫。

这时债主们上门了。当时徐润地亩房产公司名下房地产市值高达340多万两,但其从22家钱庄贷出的贷款总额也高达250多万两,负债率超过73%。为此债权钱庄公选出6名代表,徐润也派出6名高管,紧急磋商应对措施,磋商的结果最终决定拉新股东入伙。为此,他们看中了被誉为北洋财神的盛宣怀,希望用公司的一半股份拉他进来,但接触后发现他也处于外强中干的状态,让徐润大失所望。

多次尝试未果后,债主们决定将地亩房产公司的资产贱价脱手,套现解困。于是,上海滩的地产老大轰然而倒,直接经济损失高达近90万两。而且,与同时期倒下的胡雪岩一样,资金链断裂的影响迅速扩散到生意的每一部分,造成徐润名下产业全局性垮台。45岁的徐润从"地产大王"怆

盛宣怀

然落幕。而更令他郁闷的是，被迫"割肉清仓"之后，那些地产、股票旋即升值10倍，高达2000万两，肥水点滴不剩地全部浇灌了他人的田地！

在徐润宣布自己破产的次年，他因为挪用轮船招商局白银16万余两而被革去二品衔浙江补用道，革职这件事直接和盛宣怀有关。奉命查处徐润的盛宣怀在奏章中指出："唯徐润原欠银十六万千余两，前交银七千余两，又以房地产契抵银十四万数千余两，核计尚未足数。"基于这一情形，盛宣怀提出因为"（徐润）查有亏欠局款情事"，与苏松太道（即上海道兼江海关道）邵友濂一起"确查账目，督同清理"，最后提议"应请旨将二品衔浙江补用道徐润革职"。

筚路蓝缕　转战矿业

在李鸿章最初筹建轮船招商局的时候，唐廷枢和徐润已经是名望很高的买办。在接到李鸿章的邀请之后，他和唐廷枢毅然放弃了洋行买办的职位，进入轮船招商局。之后，在盛宣怀官督商办的建议下，大开门庭，广招商股。轮船招商局公开招股募资，成为近代中国第一家股份制企业。随后，在李鸿章的大力支持下，两人合力击败了美国旗昌洋行和英国太古洋行，成就了轮船招商局在长江航运上的大业。但是，徐润、唐廷枢与盛宣怀的结怨也由此开始。在轮船招商局经营得红红火火之前，他们已经认识到官督商办体制的缺陷，只是当时在草创期间，官商两者互相需要而利益一致，体制矛盾未成为主线。轮船招商局上了轨道之后，唐廷枢和徐润联合新入局的郑观应上书李鸿章，要求将轮船招商局民营化。这一联名书就成了官商决裂的导火索。而盛宣怀抓住这次机会，攻击唐廷枢和徐润，并由此夺得轮船招商局大权。

深得李鸿章赏识而又是官督商办发起者的盛宣怀把轮船招商局变成官营色彩浓厚的企业，唐廷枢和徐润则被赶出轮船招商局。这个过程中，徐润和盛宣怀明争暗斗，结怨甚深。到1883年因中法战争而面临危机的时候，盛宣怀再次出手，就像他击败胡雪岩时的心思一样，"趁他虚，要他命！"关键时刻，盛宣怀趁机抓住徐润挪用轮船招商局公款16万余两投资地产的把柄，将他赶出了轮船招商局，连带革除其开平矿务局会办之职，从油水丰厚的高管岗位上彻底清除，给了徐润致命一击。

在盛宣怀的逼迫下，徐润最终将镇江及上海永业里、乍浦路等处房产以低价抵偿轮船招商局欠款。盛宣怀终于扬眉吐气地给自己报了私仇，而徐润，则走入了自己事业的低谷。

盛宣怀和徐润本来是共同担任轮船招商局高管的老同事，在收购兼并美商旗昌洋行（Russell & Company）的商战中，徐润、盛宣怀和唐廷枢通力合作，"盛某主其成，而与洋人议价则唐某也，领款付款则徐某也"，最终取得了收购战的辉煌胜利。但是这场以小博大、以弱胜强的商战胜利在某种意义上是"惨胜"，因为收购动用了北洋官仓练饷50万两和两江总督沈葆桢处的190万两官债，造成了轮船招商局极高的资产负债率，全局股票的净资产最后只剩下约23万两，摊薄的股权包括了唐廷枢的10多万两股票、徐润的24万两股票和盛宣怀的4万两股票，徐润在整个过程中作出了极大的牺牲。

当然，徐润曾经作出的牺牲不能为其后来挪用局款而背书。其挪用局款这一行为确实存在，即使在当时潜规则允许以及各种官督商办企业这类问题屡见不鲜的情况下，该行为在明面上也是有极大问题的，1873年徐润进入轮船招商局的时候亲自按照近代股份制公司的原则拟定了《轮船招商局章程》《轮船招商局规条》，后来的挪用虽然事出有因，但确实也是自坏其法。在这个意义上，盛宣怀的处置从管理规定角度看并无不当。

徐润在此次事件后，并没有像乡亲朋友猜测的那样"非服药，即投河"，而是整顿心神，收拾残局，徐图再起。

退出轮船招商局之后，徐润又投身于采矿业，跋山涉水，遍尝艰辛，他把自己这个时候在矿井下拍摄的照片汇为一图，自跋道："余之所萃七照而合影者，俾使后人视其图而知创业之艰，成功为尤艰业。"

1887年秋，徐润首次出关塞勘矿，这时他已年届50。在这以后将近20年的漫长岁月里，他奔波于天南地北的各个矿区，北出长城，南至广东，东赴台湾基隆，或翻山越岭踏勘，或深入矿井验看，为寻找和开发中国的矿产资源，筚路蓝缕，其中在关外的热河建平金矿一住就是3年。

开平煤矿是中国最早使用机器开采的大型煤矿，徐润投资了15万两，占总商股150万两的1/10。他任开平矿务局会办，支持矿务局采用从英国订购的机器设备，聘用一批英国工程师，应用近代技术采掘煤炭。开平煤矿的建成，使开平煤炭迅速占领天津地区市场，将进口煤炭从天津市场挤了出去，并逐渐扩大到国内其他口岸，为北洋舰队以及地方工业提供了必需的燃料。此外，为了将煤炭运输到天津，矿务局专门修筑了一条铁路（这是中国第一条成功的铁路线），还发展了焦炭、水泥等一批附属企业。

除开平煤矿外，徐润还投资过平泉铜矿、宜昌鹤峰州铜矿、孤山子银矿、三山银矿、天华银矿、潭州银矿、建平金矿、金州煤矿及贵池煤矿等

10余处矿产，为创办中国近代采矿业作出了贡献。

虽然后来徐润再未达到自己巅峰时期的辉煌，但他在天津等地经营的产业也取得了一定业绩。最能说明问题的是，他受到李鸿章的再度垂青，于1890年重新复职候补道并被朝廷"赏戴三眼花翎"，并先后受命委办广东香山天华银矿、回归开平煤矿及总办热河金矿等处，其在轮船招商局的既往工作也受到李鸿章的嘉许，但是他一直没再能回到轮船招商局。

对于盛宣怀，徐润基本上很有风度，不出恶言，只是在宣统元年（1909年）撰写年谱的时候，对那些自己"曾经拥有"现在却已"永失我爱"的房地产，徐润不免痛惜感叹。在历数这些房地产天差地别的新老价格后，他冷冷地提到："又售与盛杏荪二马路（今汉口路）住宅房地三万余两，现开客利西饭馆，闻每年得地租二万余两。期满之后，克利（即客利）所造之屋，归于业主，利难胜算矣！"对于查办者低价买入被查办者的抵债房地产，徐润多少有些话里有话。

清末的中国留美幼童

推动近代文化事业

徐润在推动中国文化事业走向近代化方面做了大量的工作，诸如创办格致书院、仁济医院及中国红十字会等，其中影响最为深远的当数选派中国幼童官费赴美留学和创办同文书局。

选派幼童赴美留学，是中国最早的留美毕业生容闳向清政府提出的建议。容闳是徐润的同乡与宝顺洋行的同事。1871年，曾国藩请容闳和徐润"办理挑选幼童出洋肄业"，拟选120名中国幼童，分4年赴美留学，每年30人。从1872年至1875年，容闳、徐润所选定的4批幼童，分期分批先到上海考试、预习，然后由徐润等人作担保送到美国留学。这些幼童，易于学习外语和接受西方技术，绝大部分选自沿海开放口岸，其中香山县籍共40人，占了1/3。这说明香山县在近代西风东渐中，确实领风气之先。

1881年清政府中止留学计划，将尚在留美的学生全部召回。被迫回国的学生一度受到冷落，后由徐润出资并担保，留学生陆续被分派到政府部门以及电报、铁路、轮船和矿务等近代企业服务。其中知名人物有铁路工程师詹天佑、矿冶专家吴仰曾、民国政府首任总理唐绍仪、北洋大学校长蔡绍基、清华学校（清华大学前身）第一任校长唐国安及民国初期外交部长梁如浩等。他们在推动中国走向近代化的过程中，留下了自己的足迹。

1882年，徐润见英国出版商采用影印工艺印刷的图书不仅字迹清晰，还可随意缩小放大，非常先进。于是，他从国外引进12台轮转印刷机，雇了500名工人，在上海创办了同文书局。该书局搜罗善本，陆续影印了《二十四史》《古今图书集成》《资治通鉴》《佩文韵府》《全唐诗》《康熙字典》等中国典籍，发掘和保存了祖国的文化遗产。1891年，同文书局因承接清政府传旨，影印了《古今图书集成》而声誉日隆。书局还出版了大量西学图书，广为发行流播。李鸿章赞其"搜罗海外奇书，彰阐中西新学"。

同文书局首印的《康熙字典》

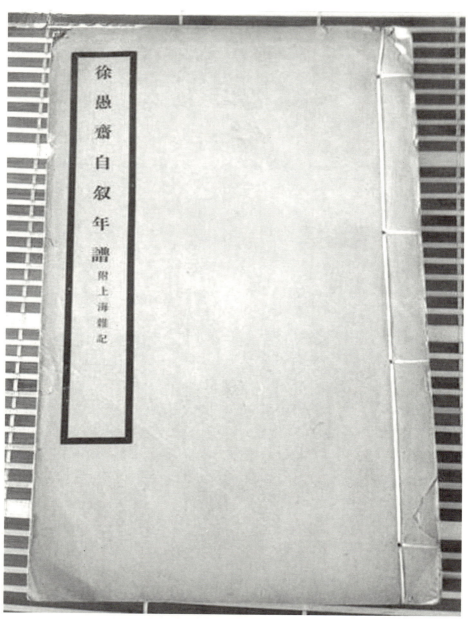

徐润晚年编著的《徐愚斋自叙年谱》。

珠海愚园（别名"竹石山房"）

晚年编修自传

徐润生于清宣宗道光十八年（1838年，戊戌年，狗年），有愚斋的别号；盛宣怀生于道光二十四年（1844年，甲辰年，龙年），也有愚斋的别号（盛公文集被后人辑为《愚斋存稿》）。按照传统命理的说法，这两位愚斋的生年是所谓"六冲"中的"辰戌相冲"，据说是冲克刑伤的。当然，这只是一个吊诡巧合和玩笑戏言，但曾经的通力合作最终演变为"趁你病，要你命"的暗战相杀，虽然参与者有胜有负，但对于中国商人而言，可以说是都输了。

晚年的徐润组织编修《北岭徐氏族谱》，撰写《徐愚斋自叙年谱》，派人回故乡北岭村修建村道、祠堂，修筑"竹石山房"（即愚园），捐资办义学。从其晚年的自叙中，我们可以体谅到他的悲凉。因地产而破产后，他多次举债，试图东山再起，却屡战屡败，随后老母和妻子也相继病故，留下年仅8岁和6岁的一对儿女。

盛宣怀在辛亥年后，因为失去政治上的凭借，一度陷入所谓"国人皆曰可杀"的境地，最终因为人身安全受到威胁、财产几乎不保而被迫流亡国外。在一个没有真正意义上的企业家和适宜其生存的时代，暂时的胜者或许也终不免成败萧何、宿命轮回的结局。

1911年3月9日，徐润在沪逝世，终年73岁，其灵柩从上海运回广东省珠海市北岭村安葬。一生奋斗，其所积累的财富不过万两。

令人叹息的是，郑观应的时代虽已远去，但他所遭遇的困厄与诘难，在今天仍不时闪现。

郑观应：《盛世危言》非耸听

郑观应

1936 年，毛泽东与斯诺谈话时回忆说，由于他父亲只准他读孔孟经书和会计之类的书籍，所以在深夜里他把屋子的窗户遮起，好使父亲看不见灯光，才读完了《盛世危言》。他又说："《盛世危言》激起了我想要恢复学业的愿望。同时，对地里的劳动也感到厌倦了。不消说，我父亲是反对这件事的。为此我们发生了口角，最后我从家里出走。"

《盛世危言》是本什么样的书，又是谁创作了这本书呢？

《盛世危言》是一部富民强国的变法大典，"致富强"是最终目标，"仿泰西"是根本途径。其先进的思想、丰富的内容和切实的举措，在当时无出其右者。这本书的作者就是"学霸"郑观应。

在乡求学　赴沪学贾

郑观应（1842—1922），本名官应，字正翔，号陶斋，别号杞忧生，晚年自号罗浮偫鹤山人。1842 年 7 月 24 日，郑观应出生在广东省香山县的一个书香门第家庭中。他的祖父平日省吃俭用，生活十分简朴，而且也少言寡语，但是格局高远，瞧不上那些"寻章摘句以为能"的书呆子；他的父

郑文瑞（1812—1893），字启华，号秀峰，郑观应之父。因乐善好施及历助各省赈务，多次受清政府表彰，事迹载入省志、县志。

郑陈氏（1814—1849），郑观应生母，因热心公益，获赠太宜人，累赠太夫人，覃恩晋赠一品太夫人。

亲是个"慷慨好义，有古杰之风"的教书先生。郑观应少年时深受"教书匠"父亲的影响，父子俩都是亦商亦教、亦儒亦道、亦善亦直，有颇多相似之处。郑观应曾修筑"秀峰家塾"纪念自己的父亲，这个"家塾"就是现在雍陌村的"郑观应故居"。

郑观应夙承家学，从小读了不少书，可惜，他的运气不好，童子试没有被录取。于是，郑观应这个乖孩子就听从父命，到上海学习经商，"官应年十七，小试不售，即奉严命，赴沪学贾。"正所谓"一颗红心，两种准备"。

这是1858年的事情，时年郑观应虚岁17。

郑观应的叔父在上海做"买办"。买办就是经纪人，是为洋人打工的。在叔父的引荐下，他顺利地进入了新德洋行，当了一名小学徒。不过学徒工也可以有机会学习英语及商业知识。第二年，郑观应的好友徐润介绍他"跳槽"，进入了宝顺洋行。这个徐润后来也是个响当当的人物，做了保险招商局的会办。从入宝顺洋行开始，郑观应就开始了近十年的买办生涯。他不仅学商务，还在英华书馆夜校学英语，同时加强中西文化修养与政治历练，"究心泰西政治、实业之学"，为成长为"硕学买办"打下了良好的基础。"硕学买办"大概相当于今天外资企业的总裁。

1868年，宝顺洋行歇业。不过这时郑观应已积攒了一定资本，附股英资公正轮船公司和荣泰驳船公司，仍操旧业，业务日益精熟。从1867年开始，他与朋友投资经营"和生祥"茶栈，继而投资轮船公司及盐业，曾经"腰缠十万下扬州"，担任扬州宝记盐务总理。1880年前后，他大量投资洋行和洋务企业。

1873年，太古洋行开拓航运版图，重聘他为"总理兼管账房"。

郑观应在太古洋行得到充分的信任和授权，"所有轮船揽载用人事务"都归他调度，得以放开手脚经营；而他也发挥出卓越不凡的经理人才干，为太古洋行打开清政府航运市场立下汗马功劳。

太古洋行当时仅有旧船3艘，为弥补规模劣势，郑观应从提高周转率上做文章。他以仓储补贴为优惠条件，与货商达成约定，对方事先把货物准

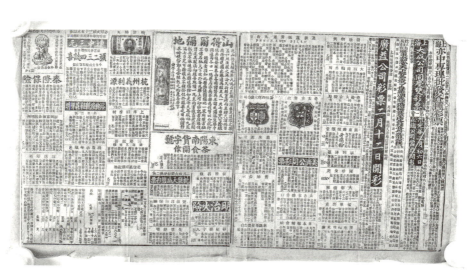

《申报》刊发的老太古告白广告

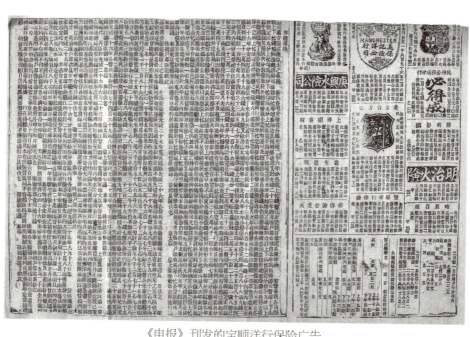

《申报》刊发的宝顺洋行保险广告

备到各个码头，船到即可装货，免去空船回运之虞。并许诺货多者优先送达，以吸引大客户。船只往来一直有货可运，周转率大大高于同行，利润率随之倍增。等有了盈利，即购置货仓大、耗煤少、速度快的新式轮船，以致良性循环，客货两旺。因经营得法，郑观应为太古洋行赚到巨额利润，合同期满之后，太古洋行又和他续约5年。

与买办流行做法一样，郑观应也利用身份之便开展自营生意。他不仅在福州、天津及汕头等口岸开揽载行，围绕太古洋行的客货运输做生意，还开设杂货店、茶栈，并辅以钱庄作为周转平台，到东北采购土特产运往香港，实现收入多元化，所以有了财力就三番五次捐官，谋得候补道的职衔。

买办获利虽丰，奈何名声不佳，非安身立命之道。郑观应兢兢业业做买办数十年，只因一个信念支撑："初则学商战于洋人，继则与洋人战。"他说："商务者国家之元气也，通商者舒畅其血脉也。"向洋人学本事，是希望有朝一日，振兴国家商业。这一天终于到来了。

亦儒亦贾　几起几落

1879年，李鸿章为电报事业网罗人手，聘请郑观应为上海电报局总办。三年后，1882年3月，郑观应正式脱下太古洋行买办的服饰，投身官督商办企业，转型为民族工商业企业的职业经理人，就任轮船招商局帮办，开始专心经营洋务企业。其后几出几入轮船招商局，任董事直到去世，是百年招商的关键人物。

另外，郑观应还兼任过上海机器织布局和津沪电报上海电报分局的会办、总办。1891年4月，郑观应复出任开平煤矿局粤局总办。1896年，任汉阳铁厂总办。1906年，任商办广东粤汉铁路总公司总办。

郑观应是谈判高手。1882年，他在轮船招商局时，与太古洋行、怡和洋行两大公司谈判。三方你来我往，经过两年的讨价还价，终于签订为期6年的齐价合同，轮船招商局的股票价格立即从30两升至160两。1892年，

存放于中山市香山商业文化博物馆内的郑观应"奉旨出使暹罗查办事件"牌和"钦命广西分巡左江兵备道"牌。

他再度出山，第二年再次订立齐价合同，股票价格又由60两升至140两。同时，他还是管理干才。汉阳铁厂是中国第一家钢铁厂，因为经营不善负债累累。郑观应临危受命出任总办，筹资金、觅原料、选人才及扩销路，很快使企业起死回生。

郑观应认为"办大事首在得人"。筹办上海机器织布局时，他许以高薪，委托容闳在美国"选聘一在织布厂有历练，有名望之洋匠到沪商办"，最终聘得美国织布工程师丹科来华。

高明的管理者懂得用人之道。郑观应的用人经验是："厚给薪水，奖以虚衔，优礼牢笼，使之悦服。然后人皆用命，各奏尔能。"他经营的企业，洋人比重很大，管理他们，不是靠威权，而是靠明确的制度。凡所聘一人，即"详立合同"，明确待遇、责权、业绩考核标准和奖惩原则。人是万物的尺度。有了多元化的人才，就有可能突破技术壁垒和市场障碍。办企业，就是用一套好的制度，把各种人才聚集到一起，发挥合力作用。

在郑观应看来，官督商办企业的一大弊端是官大于商，官员不懂企业，经营管理不得法，只会玩弄权术，以至于独断专行，任人唯亲。革除这些弊端，就要"确定章程、建立机制"，对权力形成约束和监督，譬如定期召开股东大会、对经营决策进行表决等。这些具有现代企业的管理特征，显然过于超前，对于封建王朝的官商企业，无异于痴人说梦。这也就注定了郑观应碌碌一生，总被权力倾轧。

郑观应的一生，经办上海电报局、机器织布局、轮船招商局、汉阳铁厂、造纸公司及开平煤矿等多家重量级官督商办企业。凡其所任职企业，无不勉力经营，倾注一腔热情，力图打造充满竞争力的新式企业。遗憾的是，没有哪一家企业，像太古洋行一样，给予他充分的信任与权限。

屡次被排挤出局后，郑观应感慨道："政治关系实业之盛衰，政治不改良，实业万难兴盛。"

思考现代化转型

1886—1891年，郑观应归隐中国澳门。自隐居澳门后，他致力扩编1873年完成的《救世揭要》和1880年完成的《易言》，光绪十八年（1892年）完成了深具影响力的《盛世危言》。其后，郑观应根据当时中国的形势变化，一再增补内容。因为中日甲午战争和义和团运动时期的形势变化，8卷本的《盛世危言增订新编》终于在光绪二十六年（1900年）编成。该著作被重印20余次，是中国近代出版史上印次最多的书。

《盛世危言》是中国思想界中一部较早地认真考虑从传统社会向现代社会转变的著作。就其对当时许多问题的思考，百年之后仍然不能抹杀其具有现实意义的光辉。《盛世危言》是一个全面系统地学习西方社会的纲领，它不讳言中国在社会生活的许多方面落后于西方，提出了从政治、经济、教育、舆论及司法等诸方面对中国社会进行改造的方案。在政治上不但提出了建立议会式的立宪政体，而且还提出将政治公开于传媒，由朝野各方评论，这样才可能使施政臻于完善。在经济上，郑观应主张由民间组建工商业团体，大力发展现代工业。在教育上，他从基础教育到高等教育都有新见解。在司法上，他指出了中国的法律和法律的运用无不体现了黑暗与残暴，所以须得向西方学习，他说"西人每论中国用刑残忍，不若外国宽严有制，故不得不舍中而言外，取外而酌中"。

《盛世危言》出版后，礼部尚书孙家鼐，始任江苏藩司、后升任安徽巡抚的邓华熙，把《盛世危言》推荐给皇上。邓华熙在荐疏中说该书"于中西利弊透辟无遗，皆可施诸实事"。清光绪皇帝命总理衙门印刷2000部散发给大臣们阅看。

洋务大官僚张之洞将当时论时务的书与《盛世危言》作比较后认为："论时务之书虽多，究不及此书之统筹全局择精语详，可以坐而言即以起而行也。"

翰林院编修蔡元培也推崇《盛世危言》中的"以西制为质，而集古籍及近世利病发挥之。时之言变法者，条目略具矣"。外国人在中国办的报纸

20世纪80年代的澳门郑家大屋

郑观应家庭照

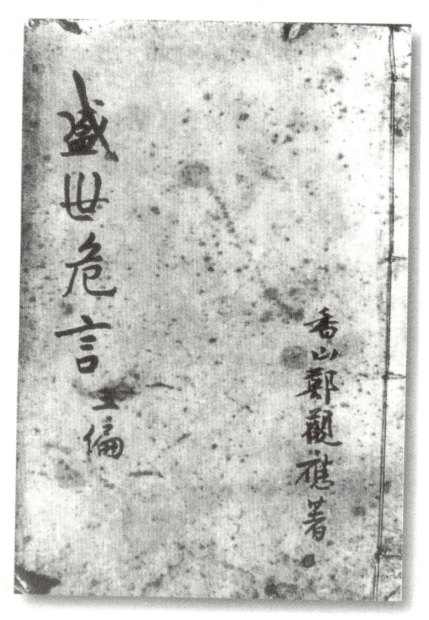

郑观应著《盛世危言》

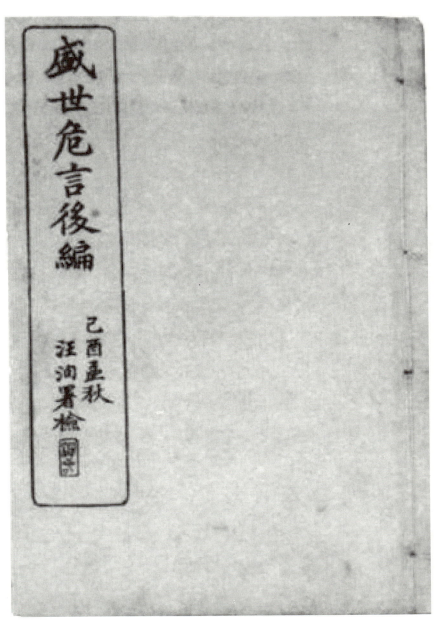

《盛世危言后编》

上甚至宣传说，《盛世危言》"所载中外各事，中华人近以该书作南针，迩来场中考试常出该书所序时务为题目"。

"盛世"堪称讽刺：1894年中日甲午战争爆发，北洋水师损失惨重；1895年《马关条约》签订，辽东半岛、台湾及澎湖列岛被割让给日本；1900年八国联军攻陷北京。"危言"绝非耸听：书中提到的开议院、习商战及兴学校等，俱是诤言良策。

他的重要著述都完成于中国澳门下环龙头左巷10号的"郑家大屋"，该家宅中西合璧，"前迎镜海，后枕莲峰"。目前已修缮开放，成为中国澳门文化旅游的好去处。

郑观应"开眼看世界"，看到了落差，也看到了方法。他的那一套，说起来先进，却难以落地生根。这道理，与唐胥铁路开通时还要用马拉火车是一样的。一个腐朽的王朝，就像一列没有锅炉的蒸汽火车。而超前者如郑观应，也只能充当马匹，用血肉之躯，拉动火车前行。

令人叹息的是，郑观应的时代虽已远去，但是他所遭遇的困厄与诘难，在今天仍不时闪现。

"盛世"论保险

《盛世危言》于1895年冬刊行增订14卷本。其中增订"保险"一节，有关保险内容的论述如下：

一、关于保险的原理。《盛世危言》陈述："盖所谓保险者，不过以一人一身之祸派及众人。譬一人房屋或行船遇险由公司赔偿，而公司之利仍取之于人。如保房屋一千座，其中一座失险，则以九百九十九座之利银偿还遇险之一座。在公司不过代为收付，稍占经费而已。"

郑观应把保险的分散危险、组织补偿的基本原理作了简明扼要的论述。这个原理，对"人险亦然。大抵人生之寿通算以四十岁为限，若至四十岁尚未命终，则以前每年所收之保银一概给还。且其人业经保险，若未至所保之期无故而死，则可得巨款，除丧葬外尚有盈余。此等便宜之事亦何乐而不为乎"。

二、介绍国外保险公司经营的险种。《盛世危言》介绍："保险有三等（种）：一水险，二火险，三人险。水险保船载货，火险保房屋、货栈，人险保性命、疾病。"接着，郑观应介绍了水险附加战争险和盗窃险："货物保险，非独寻常之时，即遇战事、盗劫，凡意外之灾，皆可以保，唯价分数等：在兵祸中保险其价最昂，较寻常须加数倍；其盗窃等事次之，然亦与寻常保险不同，缘此等事非意料所可及也。"以此说明，财产保险各险种的危险频率不同，保险费率也有高低之分。

三、主张中国自办保险。郑观应说："西人保险公司有数种，有保屋险，有保船险，有保货（物）险，有保货（物）水渍之险，有保人生死亡险，其章程甚详，获利均厚，亦宜招商仿办，为国为民，胥于是乎在矣。"因此，他对创办仁和、济和两家华商保险公司赞赏备至，认为这样的"保险公司不嫌其多"，从此可以"不为外人掣肘也"。仁和、济和两家华商保险公司是其同乡唐廷枢、徐润所创建的。郑观应和他们来往颇多，所以深受他们的影响。

在介绍西方近代保险和建议中国自办保险的同时，郑观应还揭露了不肖之徒利用保险图利的勾当。"唯保险之法一行，每有奸商故将货物之价多报，以冀物失船沈（沉），得以安稳获利。此等天良丧尽之徒，虽国家严禁，不啻三令五申，而利之所在人必趋之，仍多尝试。亦有将房屋托保，故付祝融者。"上述弊端使他意识到，要使保险事业健康顺利发展，必须制定保险章程。为此，他在《盛世危言》"保险"一节中，较详细地介绍了英国的水险、火险及寿险章程。

香港，成为将洪仁玕从一个流亡的农民起义领袖转变为一个面向世界的维新变法者的圣地。

洪仁玕：《资政新篇》说保险

洪仁玕

在太平天国的历史甚至整个晚清的历史上，洪仁玕都是一个非常值得说道的人物。史学家说，他是鸦片战争后中国第一位提出变法维新思想的改革家。

逃亡香港　开辟新天地

洪仁玕（1822—1864），号谦益，字吉甫，广东花县官禄埔人，洪秀全的族弟。洪仁玕自幼在家乡念书，也想通过仕途而治国平天下，但命运给洪家的人开了个严重的玩笑，他和洪秀全一样，屡次赴考不第。不知是他学业不精，还是当地的教育质量存在问题。

不过，年轻的洪仁玕并没有灰心丧气，他一边坚持自修，一边开馆授徒。能开馆收徒，说明他还是具有商业天赋的。不过，命运再次捉弄了他，1843年，洪仁玕最后一次应考还是"一声叹息"。这时候，他想起了已经束之高阁的基督教清教手册《劝世良言》。洪仁玕马上翻出来，期望从中找到其名落孙山的原因，不过他得到的启发是：上帝才是真正的主。于是他在家乡参加了拜上帝教。由此可见，洪仁玕的创业意识是很强烈的。

21岁时，洪仁玕以及和他同年的冯云山，一同接受了洪秀全自创的在家乡小河边举行的受洗典礼。

作为洪秀全的"粉丝",洪仁玕秉承洪秀全传教于族人的宗旨,每天都苦口婆心地向亲朋好友传递福音。其结果可想而知:他被乡亲们斥之为"疯狂愚蠢",还被哥哥暴打了一顿,书生出身的洪仁玕没有多少力气,无力还击,最终被逐出家门。一气之下,洪仁玕砸毁了孔子的牌位,连教书先生也不做了。

1847年3月,洪仁玕和洪秀全来到广州,寻求取得传教"合法身份"的可能性,譬如拿个类似于今天执业资格证书什么的,最好是个"洋文凭"。不过,他们在朝拜了美籍传教士罗孝全后,也没有任何收获。

1851年1月,太平军在金田起义时,洪仁玕因为忙于传教,没能到达金田,让他失去了一次人生的机遇。洪秀全发迹后也没忘记这位同族兄弟,马上派人到花县迎接洪仁玕。洪仁玕立即响应,亲自率领"五十多人,或为洪、冯族人,或为友人,一同西上,迨抵浔州时,乃闻悉太平军已弃营他去……"无奈之下,他们中途折回。第二次,洪仁玕和前来迎接的人在当地发动了起义,但是由于寡不敌众,洪仁玕被当地清军擒获,按法律规定,他必死无疑。但据说,洪仁玕当天晚上就脱索而逃。

中国香港被侵占后,英国在那里广为经营,中国香港成为其侵略中国的重要基地。1849年,葡萄牙殖民主义者驱逐在中国澳门的中国官吏,拒交地租,强占中国澳门。中国东南沿海一带已经出现了第一批殖民地、半殖民地性质的城市。

1852年4月,洪仁玕失魂落魄地逃到了香港,住在瑞典传教士韩山文的家中,并正式受洗入教,这是一个很安全的地方。洪仁玕口述了起义的情况,韩山文作了整理,写成《洪秀全来历》一文。其间洪仁玕还是想寻找太平军,曾经离开香港回广东,不久又再度回到香港。

洪仁玕再次来到香港,受聘于伦敦浸会,开始学习西方文化,得到英国传教士理雅各的器重,后者曾经翻译过大量的中国传统文献,并成为洪仁玕后期在香港的主要庇护人,也是对洪仁玕影响最大的一名传教士。

香港,成为将洪仁玕从一个流亡的农民起义领袖转变为一个面向世界的维新变法者的圣地。洪仁玕在香港居住四年多，亲眼目睹了香港的社会状况，接受了朝气蓬勃的西方文化。

用人之际　横空出世

1859年，强烈的革命激情促使洪仁玕由香港辗转回到了风雨飘摇但又热火朝天的天国都城天京（今南京）。但此时，洪仁玕的治国思想已经和洪秀全具有天壤之别。在洪仁玕到来之前，太平天国的统治是典型的传统帝王式统治。

洪仁玕到达天京后，为这种落后的统治方式担忧。此时正是太平天国用人之际。洪秀全经受了韦昌辉叛乱和石达开出走的事件后，也曾力图振兴，他不仅自任军师，还选拔陈玉成、李秀成及其堂弟李世贤等一批年轻将领出来辅政。

但是，人心涣散的局面并没有得到彻底改善。太平天国亟须重振朝纲。不久洪仁玕实际上成为了一人之下、万人之上的"总理"。

洪仁玕参政不久，便提出《资政新篇》这一以资本主义制度为蓝本，实行改革、旨在中兴太平天国的施政纲领。

《资政新篇》：治国方略

《资政新篇》这部充满西方改革精神的治国方略，仅1.1万字，完全出自洪仁玕一人之笔。全文共分四篇：一是"用人察失类"，是主张团结奋斗的行政纲领；二是"风风类"，是移风易俗，改变传统中国不思进取、庸庸碌碌生活方式的主张；三是"法法类"，即"以法法之，其事大关世道人心，如纲常伦纪，教养大典，则以立法以为准焉"；四是"刑刑类"，即惩治顽民，严肃法制。

多年的游历、漂泊，让洪仁玕获得了迥异于普通中国人的洞察力，但经过几年的宦海浮沉后却让这一切重新丧失。

1860年10月，中国第一位留学美国的容闳，自耶鲁大学毕业后返回中国，目睹中国积累难返，曾寄希望于太平军，他于1860年11月抵达动荡中的天京，会晤了洪仁玕，向他提出改革建议，提出包括建立良好的军队、建设善良政府、创立银行制度和厘定度量衡标准以及设立各种实业学校等七点建议，洪仁玕深以为然。谈到对洪仁玕的印象，容闳说：“干王居外久，见识稍广，故较各王略悉外情，即较洪秀全之识见，亦略高一筹。凡欧洲各大强国所以富强之故，亦能知其秘钥所在。”洪仁玕虽然赞赏容闳提出的改革建议，却不能采用，最终竟以一枚“义爵”的木头官印，试图将这位晚清著名的改革派人才留在太平天国——如果还是香港、上海的那个洪仁玕，他又怎会不知道，容闳要的不是一文不值的太平天国官爵，而是实现理想、一展才能的机会。不能得到洪秀全的重用，容闳最终投奔了李鸿章。

1861年4月，曾国藩的重要幕僚赵烈文看到《资政新篇》的新印本后，在日记中也不得不承认：“其中所言，颇有见识……法法类，皆是效法西人

《资政新篇》

所为，其欤折外洋，殆为心悦诚服，而于夷情最谙练……观此一书，则贼中不为无人。"

但是，太平天国和满清朝廷斗争的复杂性，使得洪仁玕的理想成为一纸空文。1864年6月，曾国荃的湘军攻陷天京。洪仁玕等则突围而出，转战皖浙边界，9月底入江西，不久战败被俘。11月，洪仁玕、幼天王洪天贵福被斩于南昌。由此，《资政新篇》成为天国之遗恨。

开办保险　堂正之技

《资政新篇》分为四部分，其中第三部分"法法类"包括政治、经济、文化等多方面的立法主张，是全篇的重点。在"法法类"中，洪仁玕提出了开办保险事业的观点。

洪仁玕的故居遗址

洪仁玕能率先提出中国兴办保险的倡议决非偶然。当时在香港已经有不少外商保险公司开业，他耳闻目睹，自然对保险有了更深刻的了解。

洪仁玕把它作为"堂正之技"列入《资政新篇》"法法类"中，同造船、修建铁路、办银行、开发矿藏等30多种兴国大计相提并举，其远见卓识，不能不令人折服。

"外国有兴保人物之例"，西方资本主义国家已开办了人寿保险和财产保险。其承保范围及保险责任："凡屋宇、人命、货物、船等有防于水火者"，都可以保险。投保方式："先与保人议定，每年纳银若干"。这个"议"，意味着保险双方是通过协商达成协议的。赔偿方式是"有失保人赔其所值，无失则赢其所奉"，以此体现保险权利与义务的均等。通过保险的赔偿，"失物则已不致尽亏"，"若失命，则父母、妻子有赖"。保险的作用意义也就充分表达出来了。洪仁玕的保险论述，言简意赅，说明他对西方资本主义的保险是有所了解的。

尽管《资政新篇》中的许多主张并没有付诸实践，但是《资政新篇》仍被后人认为是在中国传播资本主义思想的启蒙著作之一，在当时的历史条件下起过推动社会发展的作用。无论如何，洪仁玕有关保险的主张，为后来我国民族保险的创办起到了开舆论先河的作用。

上海市历史博物馆里收藏着一份1924年6月12日签发的保险单，当时香港火烛保险公司在保单上的中文名称为香港火烛燕梳公司。

何东：外洋内儒的一代首富

何 东

在香港100多年的历史中，众多豪门基本可分为"世家"和"新富"两大类别。诸如李嘉诚、李兆基、霍英东等大家族，皆为新富。更早前，即1840年开埠之后，香港也曾经逐步发展出四大家族：何东（何启东）家族、许爱周家族、李石朋家族、罗文锦家族，如今被称为四大世家。四大世家中，何东家族最为繁盛，曾为一代首富。

何东（1862—1956），出生于1862年12月22日，乳名何启东，字晓生，英文名字为Robert Ho-Tung Bosman。何东的父亲是荷兰裔犹太人Charles Henry Maurice Bosman（粤语音译何仕文），他母亲是中国广东宝安人"施娣"，所以他是欧亚混血儿。何东长大成人后，拿掉了中间的"启"字，这便是何东名字的来由。

何东的母亲施娣

近看何东

何东是家中长男，典型的欧亚混血儿，鼻梁挺拔，身材颀长，较多地

56

继承了父亲何仕文的血统。其弟何福，则更像中国人。在早期香港，同时接受中西文化熏陶的知识分子寥寥无几。何东小时候经常跟着父亲说英语，但由于父母没有正式结婚，而何仕文因为生意失败离开香港，何东自幼由母亲独力抚养，受中国文化熏陶很深。

1897年的皇仁书院校舍

何东年少时入读私塾，12岁时进入香港中央书院（今皇仁书院，这是香港最早的官立中学和著名的男子中学）读书学习国语，由英籍教师传授西方文化。在读书期间，何东勤勉好学，成绩在班上名列前茅。1878年，他以优异成绩毕业，并留在母校任助教。

在校期间，何东坚持穿清式长衫，饮食起居仍按照中国人的习惯。逢节假日，他交往的多是中小学时代的华裔同学。

由于处处与学校的英籍教师格格不入，何东只任了4个月助教，便辞职去了广东海关任职员。1878年，16岁的何东进入广州海关内勤部工作，担任广东粤垣海关襄理税务。何东经常以中国人自居，因他七分像洋人，他就以父亲何仕文是满族人蒙混过关。

父亲何仕文，有一句话对何东刺激很大。年少的何东问父亲："为什么英国人瞧不起中国人？"何仕文说："因为中国人穷。"父亲何仕文的这句话，经常使他陷入反省并刻骨铭心，成为他安身立命的驱动力。

据何东回忆，他走向社会，能够致富发达，完全是靠他的奋斗及机遇。在海关工作期间，何东接触了大批的洋商、华商，受其感染，何东对经商产生了浓厚的兴趣。他认为，循规蹈矩的海关工作，会束缚一个人的发展，经商才能最大限度地施展一个人的潜能。华人想富裕，只有像英国人一样热衷于经商。

商界起步　结缘保险

何东在广东粤垣海关襄理税务这个令时人艳羡的岗位上只工作了两年就潇洒而去。1880年，何东经推荐担保，受聘于当时香港最大的洋行——英商怡和洋行，担任香港怡和洋行华人部初级助理员，专责翻译。

那时，怡和洋行的业务范围很广，遍及全世界。在怡和洋行工作期

《申报》刊发的怡和洋行广告

渣甸—怡和洋行广告

间，何东热衷于贸易，但不直接从事买卖，而是兼做生意经纪人。华商十分乐意与何东打交道。由于何东表现突出而被迅速提升为买办助理。

在怡和洋行任职仅两年，1882年，何东接替姐夫蔡升南成为买办。这一年，何东20岁，可谓少年得志。

何东从1880年受聘于英商怡和洋行，到1900年辞去洋行职务，为怡和洋行服务达20年之久。其间，他由香港怡和洋行副买办升为总买办，并兼任香港火烛保险、广东水险两家公司分行经理，复办理航业及贸易，颇受怡和洋行大班倚重。1894年他被推举为怡和洋行总经理，此后为香港怡和洋行贡献卓著。

谈起怡和洋行和其旗下的保险公司，历史要追溯到第一次鸦片战争之前。1805年，以英商渣甸（即怡和洋行前身）和宝顺两家洋行为主，在广州创立了第一家在华外资保险公司——谏当保安行（或广州保险会社）。渣甸与宝顺两家洋行主要经营水火险和意外险，其经理每三年轮流担任。此外还规定每五年停业结算，同时进行改组换届。

1832年，英国人威廉·渣甸及詹姆士·马地臣在广州成立怡和洋行。至1835年，宝顺洋行宣布退出合作，双方决定结束这一协议，原谏当保安行解体。1836年，怡和洋行接管和改组谏当保安行，易名为谏当保险公司。1840年鸦片战争爆发后，怡和洋行将总公司从广州迁至香港，谏当保险公司也随之迁往香港，并在香港注册，注册资金总额250万港元，实收100万港元，以J.J.Paterson为董事长，经营水火保险业务。

1857年，谏当保险公司在上海设立分公司，在广州、厦门、重庆、福州、汉口、南京、天津、汕头、长沙、烟台、威海及芜湖等地设代理处。1882年，谏当保险公司改称广东保险公司，上海解放后，经军管会金融处核准上海分公司继续营业。后奉总公司通知，上海分公司于1951年4月24日申请停业。

谏当保险公司成立时，香港当时所有的知名公司几乎都拥有其一定的股份。其保险业务则由怡和洋行经营，不仅代理该公司的业务，而且既收代理手续费，又参与分红，获利极其丰厚。据称，"董事会每年定期向股东提出一份年终结算的书面报告，大概总是要有若干利润以资分红"。

1866年，怡和洋行创办香港火烛保险公司（也有另外说法，认为该公司成立于1868年，又名"香港火险公司"）。资本200万港元，实收40万港元，主要经营火险和意外险。总公司设在香港，在香港注册。该公司每年所获盈利，相当于股本的50%，股票增值曾达到过400%。早期公司主要在香港、广州、上海、北京、哈尔滨、汉口、安东、宜昌、天津、福州、重庆及大连诸埠先后设分号或代理处，经营水火、家庭财产、盗难及地震等保险业务，由怡和洋行全权经理。

香港火烛保险公司的体制，沿袭的是英国保险公司体制。早年英国的消防队是隶属于保险公司的。后来，消防队从保险公司分离出来，而归并于警察系统，保险公司依然同消防队保持着密切的合作关系，经常出资捐助消防车或编印消防宣传材料，免费向民众散发，借以提高民众防火意识，预防火灾。因此，公司在业务设计和管理制度上完全模仿英国，传承了英国保险规章制度和费率，也沿袭了其展业防损的手段及习惯。

香港火烛保险公司在成立时，以及在以后改组的过程中，都渗入了中国人的资本。为防止被保险人放火搬物，当时保险公司都在保户门楣上悬钉一种铜质或铁质火标，既便于警察查检，又提醒救火人员奋勇抢救。一般中国保户以悬挂保险商标为荣，因为不是殷实的商店住户，外商大多不敢贸然承保。

1872年以后，怡和洋行放弃对华鸦片贸易，投资业务逐渐多元化，除了贸易外，还在中国内地及中国香港投资兴建铁路、船坞、各式工厂、矿务、船务、银行及保险等行业，经营业务涉足诸多领域，拥有几十家企业。因此怡和洋行也逐步下设总务部、出口部、船务部、机器部、航空部及保险部。

怡和洋行保险部设立于1887年，并将两个独立的保险公司——香港火烛保险公司和广东保险公司归入保险部。当时规定，凡在该公司代理轮船运货的商人，其货物必须向保险部投保方能上船；水货险赔偿，须经检验员验明，扣回买办佣金（大多为七八折）方付赔款。从江苏、浙江等产地收购蚕丝、茶叶、棉花时，从进入仓库就开始承保火险。此后，货物在运输途中接着承保运输险，到达上海货栈，然后加工打包又承保火险。打包后运到仓库储存待运，又承保火险。从储仓运往码头，装上远洋轮船运往国外目的地港口，承保运输险，全部由怡和洋行垄断，不让其他保险公司插手。遇到水火险出事，怡和洋行保险部按合约又代理处理赔款，付出的

1881年香港火烛保险有限公司发行的股票

是代理保险公司的赔款，本身得到的是代理业务的手续费（约为毛保费的10%）和处理赔款的劳务费。总之，在业务竞争上怡和洋行的举措滴水不漏，在经营上只挣不赔。这种管理办法，控制了怡和洋行势力范围内的整个保险业务。

1882年，何东任怡和洋行属下香港火烛保险公司经理及广东保险公司经理，就在这年元月，英国谏当保险公司于1881年底关闭以后，改组为股份有限公司，专营水运保险业务，并重新开业。该公司发行股票1万股，每股为规元250元，同时可在伦敦、上海、香港三处购买。当时上海有人帮买股票，可以75两银作100元，到分派股份的日期，再照市价核算。

该公司的一个重要特点是大量吸收华商股本，改组后更是如此。广东保险公司和香港火烛保险公司，一个有怡和洋行买办唐廷枢自己的附股，另一个则有唐廷枢的引荐。在以后的年代中，这两家公司的华股，实际上大部分握在怡和洋行买办何东和何甘棠兄弟的手中，而何东既是广东保险公司的董事，又是两家公司的中国经理处的代表。

据记载，在1891年广东保险公司股东代表大会名册中，中国大股东就有何甘棠等怡和洋行买办8人。此外，广东保险公司章程规定：该公司在中国归怡和洋行经理。同年11月，《申报》刊登了关于广东保险公司的一则消息："据称9月中所得保险之利共计有五十三万四千八百十四元五角一分。其所获之利，溢出该公司资本之外。"年得利润，只提10%做准备金，90%分给股东，使中国资金大量外流。

香港火烛保险公司在何东的经营下，也成为怡和洋行旗下公司中的盈利大户。在上海市历史博物馆里收藏着一份1924年6月12日签发的保险单，当时香港火烛保险公司在保单上的中文名称为香港火烛燕梳公司。

走出洋行天地宽

何东26岁那年，听说端拿洋行要出售一块地皮。地皮位于中环的德辅道与皇后大道之间，濒临维多利亚港，是极有潜质的旺地。何东立即跑去见端拿洋行大班雷利，要求做出售这块地皮的中介。雷利知道何东的人品及能力，就全权委托他，底价定为30万港元。结果，何东以43.5万港元售出，打破香港开埠以来地皮每平方英尺单价的最高纪录。雷利非常高兴，认为何东今后必定会成为令英商不敢小觑的华人。何东从买卖双方各提取1%的佣金，计8700港元。何东把此作为他经商史上的第一桶金。这宗买卖，买卖双方都甚为满意，何东在地产经纪行声名鹊起，请他做中介的人络绎不绝。

到35岁时，何东已有200万港元财富。1900年，38岁的何东已有500万港元身价，成为香港华商首富。

1900年，何东离开怡和洋行，全力发展自己的生意。除一般贸易外，何东还逐步进入了航运及地产买卖，并以经营地产成为香港首富。

何东的成就使他成为进入半山区的第一位华人。1906年何东向香港总督会同行政局申请获准在中环半山居住，成为首位在太平山山顶居住的中国籍人士。除了在半山区有多处私用物业外，何东拥有的公用物业几乎遍布整个香港地区。

据统计，何东拥有的公用物业有九龙尖沙咀的东英大厦，大厦取名东英，源于何东之"东"字与发妻麦秀英之"英"字。大厦楼高18层，在当时堪称摩天大楼，大厦扼守九龙最繁华的弥敦道中段，是九龙私人物业所占地盘最大者。

在弥敦道，何东还拥有多幢商业楼宇，另在九龙旺角，建有气派不凡的东兴大厦。在港岛，何东拥有两幅黄金地段的地盘：一幅在中央街市，后赠与港府；一幅在中环德辅道，后来以数倍于原值的价格售给恒生银行，现为恒生大厦基址。在湾仔旺地，何东建有东生大厦、东城大厦和承业大厦等多处大型物业。何东将其拥有的物业全部出租，租息不菲。随着土地价格上涨，何东的庞大物业群市值不断向天文数字飙升。何东在数十年间，一直是香江首富与最大的地主。

第一次世界大战期间，上海的民族工业发展飞速，何东开始大规模投资上海，是上海最大的资本投资者之一，并且是上海多家公司的大股东。何东在上海的地产主要在虹口的百老汇路（今大名路）、文监师路（今塘沽路）、密勒路（今峨嵋路）一带，后来在租界西部住宅区的西摩路（今陕西北路）、爱文义路（今北京西路）十字路口附近也购进了一些产业，包括西摩路470弄的太平花园，对面的457号则是何东建造的自己的住宅，人称"何东公馆"。

1949年后，何东家族举家迁回香港，住宅由上海房地产部门接收。1957年，毛泽东倡议重新修订《辞海》，并建议在上海完成此事。1958年，何东公馆被设为中华书局辞海编辑所，后改组为上海辞书出版社。

何东在证券投资领域也有不菲收入。何东买的多是有潜质的冷门股。例如，他购入大量香港大酒店的股票，积极参与大酒店改组，结果大酒店股价大涨。仅此一项，何东得益差不多可以重建一座大酒店。此外，何东在香港、上海、青岛、东北及澳门等地皆有大量投资。何东拥有多家公司的股票，数额或多或少，但由于他在商界的崇高声誉，被置地、广东澳门轮船公司、黄埔船坞公司、锦兴纺厂、电车公司及中印航运公司等10多家港埠公司或举荐为董事，或推举为董事长。

实业投资上，何东在香港、马尼拉、雅加达及西贡等地大举投资糖业，从事食糖的买卖。他亲自去菲律宾、爪哇等地进口粗制红糖，运回香港精加工成砂糖、方糖后，再销往上海等通商口岸。

何东有雄厚的资产作为后盾，加上他为人诚实，银行家们普遍认为，何东是华商中最讲信用的人。汇丰银行的大班捷逊就曾说："把钱贷给何东，就像把钱放进了保险柜。"能获得汇丰银行无限贷款的，仅怡和、太古等三四家洋行，何东是华商中第一人。20世纪30年代，香港有句俗话，形容一个人不自量力，就会说"你以为你是何东啊"，足见何东的香港首富地位。

爱国商人

何东是一个成功的商人，但不仅仅是一个止步于赚钱的商人。在清末民初的那个激荡年代，孙中山、康有为和蒋介石都是何东的朋友。

1898年，戊戌变法失败后，康有为携家眷逃到香港。清政府出重金悬赏捕捉康有为并宣告匿藏者同罪。康有为最初躲在驻港英军兵营，因多感不便，何东就冒着生命危险接康有为一家到他家来住。事后记者采访何东，何东说："我赞同康先生的改良。"

辛亥革命推翻清朝统治之后。何东捐钱成立中国救援基金，为革命党人提供资助，并在香港开办发屋，为华人剪辫理发，支持共和。

1922年发生了香港海员大罢工，工人要求改善待遇，增加工薪。当时的香港海运停顿，货物堆积在码头，进港船只又滞港压舱。与贸易及航运有切身利益的何东担心香港经济停滞，积极奔走调停。港英当局被迫答应适当提高工人工薪，但仍有少数海员及港务工人阻挠复工。何东答应私人

香港海员和市民欢庆罢工胜利

支付工人罢工期间的一半工薪，成功调停香港海员大罢工。

1923年，中国陷于军阀混战，他斡旋于各军阀之间，试图以和平方式统一中国。

1925年夏天，为抗议帝国主义在中国的暴行，省港工人举行大罢工。罢工后，香港垃圾如山，污水遍地，行无车乘，食无饭庄。罢工者封锁了交通，香港的粮食肉菜来源被切断，市面供应紧张，抢购之风席卷香港。香港成为"死港""臭港"。何东对大罢工持反对态度，他说："这样罢工，香港几十万居民要不要过日子？港无宁日，经济就不可能像西方那样发达，富人先倒霉，接着穷人会更穷。"何东虽不赞成罢工，但他却去港府施加压力，要求港督改善华工待遇。罢工结束后，何东发动华商捐资，恢复香港供水供电、清扫垃圾。

1926年前后，何东接办经营出现困难的《工商日报》，注入资金及改革管理后，《工商日报》成功走出困局，并成为港府的中文喉舌。抗日战争期间，他还曾多次捐赠巨款支持中国抗日。在抗日战争爆发前夕，何东捐资10万港元，买了一架英制战斗机赠给中国空军。日本占领香港后，他避居澳门。香港光复后，他则积极参与各种社会活动。

善人善行

华人皆以俭省为美德。何东从小养成的节俭习惯，对他日后致富有很大的帮助。在何东小的时候，母亲每天给何东5分钱吃午餐，何东仅用二三分钱，余钱则积攒起来。何东进入广州海关内勤部工作期间，日子过得非常节俭，他除了自用和赡养母亲外，每月还可以积蓄15块钱。在老辈的港人中，流传着许多何东节俭的故事或笑话。有一次，何东带秘书去南洋做生意。夫人备了多样糕点小吃之类的食品，让何东在路上调剂口味。何东嫌洋船上伙食太贵，就专吃自带的食品充饥。秘书苦不堪言，又不便奉劝固执的老板。要命的是天气炎热，食品发馊变质，何东仍吃得津津有味。秘书无可奈何，只得悄悄把食品全扔掉。殊不知何东发现食品遗失，竟向船警报案。船警破不了案，只好带何东两人上餐厅享受免费餐。何东高兴得像孩童一样开心地笑。

何东是第二次世界大战前香港最大的慈善家。从19世纪末至20世纪中叶，何东创办香港大学，建立何东爵士慈善基金，修建东莲觉苑，创办教育，设立皇仁书院奖学金，设立贫民医院；香港米荒，何东运来白米，救济饥民；东江大水，华北旱灾，何东发起港埠华人捐款赈济灾民，何东捐款最多。诸如此类，不一而足。

何东也是香港公认的华商领袖，他对华商在香港的崛起，起了很好的表率及促进作用。以何东命名的建筑物及教育机构现分布于香港、澳门等地。

晚年时期的何东

何东晚年，家产多得连他自己都说不清楚。他从小养成的俭省习惯，却有过之而无不及。他拥有英制的奥斯汀轿车，除了去高贵的社交场合，他平时几乎不用。他常常以步代车，缓慢行走，如路途较远，他也不打车，而是乘最便宜的交通工具——电车。

何东花园是何东的旧居，也是一座承载香港记忆的建筑。花园建于1927年，位于港岛歌赋山山顶道75号。整栋建筑占地1万多平方米，融合中西风格，富有文艺复兴的味道，在当年属于前卫型建筑。花园牌楼上也刻有"晓觉园"之名，是何东为其第二位妻子张静蓉所购。该花园从购买、设计、兴建乃至装修均由张静蓉主导。何东花园是山顶上首座华人住所，何东也是首位获港英政府允许在山顶建住宅的非欧籍人士。何东曾在

何东花园牌楼

何东花园全貌

何东与爱尔兰剧作家、英国现代杰出的现实主义戏剧作家萧伯纳夫妇于何东花园，后左一为何世礼。

这里款待多位风云人物，如爱尔兰剧作家、英国现代杰出的现实主义戏剧作家萧伯纳1933年访华时，与何东夫妇是在何东花园见面的。之后2月17日，萧伯纳访问上海，与宋庆龄、蔡元培、鲁迅、林语堂、伊罗生、史沫特莱7人在宋庆龄的住宅花园门口拍摄了一张合照，当时的摄影者是杨杏佛。

　　终其一生，何东曾获中国、英国、葡萄牙、法国、德国、意大利等国勋章多枚，尤其是1915年英皇乔治五世授予何东爵士荣衔。爵士是欧洲君主国的一种爵位，是指在战场上立过功劳或因某种特殊的意义而得到国王赏赐田地的人。1955年英国女皇又授予何东KBE荣衔。何东成为两度晋爵的首位华人。

"唐绍仪为人正直，有才干，对中国的未来怀有远大的抱负。"

——1953年，美国第31任总统胡佛回忆录 *The Memoirs of Horbert Hoover*

唐绍仪：内阁总理的保险人生

唐绍仪

唐绍仪（1862—1938），字少川，1862年1月2日生于广东省香山县（今广东省珠海市唐家镇唐家村），是清末民初著名政治活动家、外交家。他自幼到上海读书，1874年官派留学美国哥伦比亚大学，1881年归国。曾任驻朝鲜汉城领事、驻朝鲜总领事、清末南北议和北方代表、民国第一任内阁总理等，辞职后，创办了金星人寿保险公司。

留学幼童　民国总理

1872年，中国掀起了选派学童出国留学的热潮，年仅10岁的唐绍仪也跃跃欲试。但遭到了宗族长辈许多人的反对，认为送年幼的孩童出洋会冒极大风险。唐母却很有远见，觉得放儿出国留学，将来会前途无量。她力排众议，通过在沪任轮船招商局总办唐廷枢堂叔的介绍，送儿到设在上海的出洋预备学校学习英语。1874年，唐绍仪被清政府选派到美国留学，他成为第三批赴美学习的学生。

1881年，唐绍仪毕业回国后，入天津水师附设的洋务学堂读书。1885年，到天津税务衙门任职，随后被派往朝鲜办理税务，成为清政府驻朝鲜

1908年，清政府派唐绍仪访美，庆亲王次子爱新觉罗·载波同行。报纸 *The Washington Times*（1908年12月3日，星期四第6版）上有清政府使团到达美国及在美访问的报道（资料来源：《中华传奇·大历史》2010年第五期《庆亲王的韬略》）。

大臣袁世凯的书记官和得力助手。

1904年，以清政府议藏约全权大臣身份，先后两次与英国办理交涉，签订《续订藏印条约》，使英国确认中国对西藏地方的领土主权。1908年，清政府派唐绍仪访美，庆亲王次子爱新觉罗·载波同行。武昌起义后，唐绍仪充当袁世凯内阁全权代表，于1911年底，开始与民军全权代表伍廷芳举行议和谈判，达成在湖北、陕西、安徽、江苏、奉天等地停战的协定。后继续与伍廷芳秘密磋商关于清帝退位的优待办法，以及孙中山的辞职和由袁世凯继任的各项问题。

唐绍仪少年留美，已接受民主共和思想的熏陶。民国初年，唐绍仪的思想立场更向民主共和方面转变，他由黄兴、蔡元培介绍，并由孙中山监

唐绍仪和孙中山合影。

1911年12月，清帝退位后，南北和谈代表
唐绍仪（左）、伍廷芳和英国商人李德立合影。

誓，加入了同盟会。当酝酿新政府总理人选时，唐绍仪得到革命党人和袁世凯的推选及任命，成为中华民国第一任内阁总理。

　　唐绍仪于1912年3月25日到南京组织新内阁，4月迁往北京。唐绍仪出任总理之初，本抱有极大的政治抱负。他挑选宋教仁、蔡元培、陈其美等同盟会骨干成员入阁，分别担任农林、教育、工商总长，使同盟会会员在政府中占据多数，被称为"同盟会中心内阁"。唐绍仪勤于公务，注重办事效率，使政府呈现出一派新气象。

　　袁世凯想大权独揽，对唐绍仪推行责任内阁制，"事事咸恪遵约法"甚为不满，在用人、财政、遵守《临时约法》规定的总理附署权等问题上，两人的裂痕加深。唐绍仪主张"民国用人，务贵新不贵旧"，拒绝袁系赵秉钧（为内阁内务总长）私自安排北洋旧人入阁，赵秉钧竟以辞职相威胁。在筹款方面，唐绍仪拒绝英、美、德、法四国银行团提出监督中国财政的无理要求，引起了袁世凯和财政总长及四国银行团的合伙攻击。

　　1912年6月初，直隶省议会选举王芝祥（适加入同盟会）为直隶都督，袁世凯不予承认，并抛开总理附署权，公布另任命令。唐绍仪见《临时约法》已遭到破坏，"彻悟袁之种种行为，存心欺骗民党"，遂于6月15日愤而提出辞呈，时任总理不足3个月。王芝祥督直事件最终导致唐绍仪与袁世

第一次唐绍仪内阁，内阁成员分别是国务总理唐绍仪，内务总长赵秉钧，外交总长陆征祥（当时是驻俄大使，故由胡惟德署理），财政总长熊希龄，陆军总长段祺瑞，海军总长刘冠雄，司法总长王宠惠，教育总长蔡元培，农林总长宋教仁，工商总长陈其美（未就任，由王正廷署理）。

凯分道扬镳。

此后，唐绍仪寓居上海数年，与人集资创办金星人寿保险有限公司，自任董事长，但他仍密切关注着政治舞台。

1913年，袁世凯刺杀宋教仁，唐绍仪予以强烈的谴责，并拒绝袁世凯拉拢其复任北洋军阀政府总理。

1915年，袁世凯复辟，唐绍仪与蔡元培、汪精卫联名致电，警告袁世凯"取消帝制野心，并辞职以谢天下"。护国军兴起后，唐绍仪再次致电袁世凯，劝其退位。

1916年6月，袁世凯暴毙。黎元洪继任总统，但皖系军阀段祺瑞大权在握。唐绍仪力主恢复旧约法和国会，站在孙中山革命派的立场上，多次拒绝北洋军阀的拉拢和利诱。

1917年8月，唐绍仪南下参加护法运动，被孙中山任命为护法军政府财政总长。滇桂军阀排挤孙中山，唐绍仪曾进行过调和。军政府改组后，唐绍仪为七总裁之一，但因孙中山辞职赴上海，唐绍仪也未莅任。

1920年6月，唐绍仪与孙中山等在上海通电反对桂系军阀，他正式脱离军政府，赴上海坚持斗争。11月，桂系军阀势力被驱逐出广东，唐绍仪随孙中山回到广州，重建军政府。但此时唐绍仪与孙中山的政治主张已发生分歧，唐绍仪认为孙中山的理想太高，难以实现，且孙中山所制定的总统制与他的政党政治和责任内阁制理想也不符。他拒绝出任军政府财政总长一职，在政治上表现消沉，寓居上海闭门不出。

创办金星人寿　广泛延揽人才

1914年初，唐绍仪与伍廷芳、卢信等朋友发起并联络一帮亦官亦商的同僚共同集资100万元，于4月2日创办了金星人寿保险有限公司（以下简称金星人寿）。

"金星"之名，源于唐绍仪故乡——广东省香山县唐家湾耸立的"金星岛"之名，总公司设在上海四川路127号。

唐绍仪任董事长，易次乾为总经理，开办人寿保险。创业初期，凭借其政治资本，由农商部饬知全国各省加以保护和推广，各级军警保驾，业务曾经显赫一时，在直隶、奉天、吉林、安徽、四川、山东、湖南、湖北、广东、广西等地设立分公司。

易次乾

1915年5月，又创办金星水火保险公司，开展水火险业务。

1920年，两家公司合并为金星水火人寿保险公司（以下简称金星保险

梁如浩（左）与唐绍仪（右）留美前的合影

公司）。主席唐绍仪，副主席卢信，水火险总理欧阳荣之，沪局总司理欧镜堂，人寿险总董王正廷，总理易次乾。

金星人寿创办时，聘请了许多人才。

梁如浩（1861—1941）同唐绍仪两人本是唐家湾同乡，其后一同被选派到美国留学，到美国后，又一同被安置于四北岭非尔书馆，从格阿登学习。他们居住在同一个美国家庭中，多年共同的学习生活让他们产生了深厚的友谊。后来他们又进一步成为儿女亲家，梁如浩的儿子梁宝畅成了唐绍仪的女婿。两人政治上也志同道合，交情深厚。

1912年中华民国成立，梁如浩经唐绍仪提名为交通总长，未获国会通过，唐绍仪遂兼任交通总长。同年6月，唐绍仪愤然辞职。袁世凯任命陆征祥组阁，梁如浩被邀请入阁，担任外交总长。但仅两个月后他即挂冠而去，跑到上海与唐绍仪会合，共同组建了金星人寿保险公司。

1922年，梁如浩被北京政府任命为"接收威海卫委员会"委员长，几经谈判与英国草签"中英威海卫条约"。退休后居于天津，1941年10月去世。

金星人寿总经理易次乾，广东省鹤山人，广东水陆师学堂毕业，1910年投入广东新军为士兵。辛亥革命时，任粤军参谋。1913年被选为众议院议员。1922年底至1923年初为蒙藏院副总裁。该人后投入汪伪政府。

金星人寿副主席卢信，广东省顺德人。卢信（1885—1933）出生在一个富商家庭，青年时期接受了革命思想，追随孙中山先生。1908年，即赴香港任《中国日报》记者。不久，其父病逝。卢信遂东渡日本攻读政治学。1913年"二次革命"失败后，卢信退出政界，赴美国游历，不久，任金星人寿副主席。1914年冬，任水火保险公司总经理。

1916年6月，国会重开，卢信应召复任参议院议员。1917年，卢信与部分国会议员随孙中山南下护法。1918年5月卢信再次离开政界。1920年底，孙中山南下广州重组军政府，卢信再次追随孙中山南下。1922年8月至1926年初，卢信前后两度出任北京政府的农商总长和司法总长，但任职时间都上海金星人寿保险公司在杂志上刊发的《救国！救国！》公益广告。

很短。1933年6月12日，卢信在贫病潦倒中逝世，年仅49岁。

钟毓桂（1882—1917），天资聪颖，超逸侪辈，为救济同胞疾苦，遂入那大福音医院研究医术。曾赴北京协和医科大学学习三年，时适辛亥革命，目睹同胞战亡之惨，乃组织红十字会救死扶伤。因其学业最优，被选为该会会员，且于战场服务勇敢、勤能，而被赐以勋章，委任为南京长江陆军军医长。战争平息后，钟毓桂返京重理旧学，毕业时获医学博士学位。次年其应国会议员吴楚碧之聘，任汕头医术，同时执业金星人寿保险。1917年病逝，年仅36岁。

严端（1881—1956），广西人，日本早稻田大学经济专科毕业，曾加入孙中山在日本东京组织成立的中国同盟会。1911年辛亥革命后，成为民国时期广西首任财政长官。1913年严端被免去广西省财政司长兼银行总行总理职务，1914年任职于金星人寿。1953年被广州文史馆吸收为文史研究员，1956年病故于广州。

金星人寿尽管广泛招揽人才，但因管理人员多为外行，不善经营管理，迨至1929年8月23日退出上海保险同业公会，遂行停业。1931年开始，金星保险公司清理寿险债务，拖了很长一段时间，影响较坏。

普及寿险知识和观念

金星人寿是较早在各地设立分支机构的寿险公司，如云南的保险业出现于滇越铁路通车以后，凡经铁路运输的货物都必须缴纳保险费。1913年金星人寿到昆明设立分公司，成为云南最早的寿险公司。1914年，金星人寿在哈尔滨道里设分公司，虽然于1927年倒闭，但是却普及了保险知识。金星人寿辽宁营口分公司也是最早的寿险公司。

民国时期，泉州工业比较落后，但早有"父母会"等简单的民间储蓄保险形式，入会会员须缴纳1元至5元的会金，遇有会员的父母去世时，其他会员每人另交1元至若干元，作为临时资助丧葬费用，帮助解决困难。当

金星人寿保险公司月份牌

时仅泉州所辖的晋江县就有600余会，每会多则数十人，少则十几人不等，属互助性质。1919年4月4日，金星人寿厦门分公司、漳州分公司、泉州分公司设立，成为这些地区最早经营人寿保险的公司。

除了开设分支机构，金星人寿还采取了多种广告策略，积极传播寿险知识和观念，如报纸广告、杂志广告、月份牌广告以及举办征文、漫画比赛等。

如金星人寿保险有限公司1922年的广告画，对开大小，主景画面为庐山风景图，形象逼真，色彩鲜艳，使人眼前一亮。1923年的月份牌，同样是对开大小，主景画面为苏州虎丘风景水彩画，左右两端为"中华民国十二年岁次癸亥""西历一千九百二十三年"中西历对照表。广告内容为："本公司额定华股资英洋一百万元，办理人寿保险事业，国内外各埠设立分公司百数十处，保额已达三千余万元，实为吾国最殷实最完备之人寿保险公司，所有办法详载章程，如蒙赐顾，无任欢迎，总公司上海四川路一百廿七号，董事长王正廷，总理刘伯材"。

民国十二年（1923年）6月，《小说世界》刊发了金星人寿的征文和漫画征集活动广告，内容如下：

征求论著小说

金星人寿保险公司发行年刊一种，征求各种关于劝导人寿保险之论文、杂著、小说或谐作图画等，不拘何体，凡经录登本刊者，每千字甲种酬洋五元，乙种酬洋三元，特别佳作则赠特种酬每千字洋十元，图画甲种酬洋十五元，乙种酬洋十元，特种酬洋三十元。投稿请寄上海四川路一百三十四号，本总公司。凡来稿，请书明住址，并盖图章，将来凭章领酬。

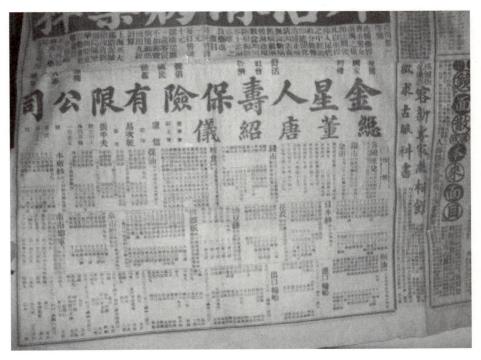

金星人寿保险有限公司刊发的半版报纸广告。

无论取录与否，原稿恕不奉还。截止期限：中华民国十二年八月三十一日。

金星人寿保险公司启

金星人寿江西分公司开业时，有如下开业广告对联：

现金刚不坏身，愿亿兆同胞齐登寿域；

度星球无量劫，庆大千世界发达人群。

该公司的保险产品属于寿险带存款性质的分红保险：被保寿人在认定的10年期内，按年缴纳规定之保费，直至期满，除将所保金额照数返还外，并加以相当之红利。倘被保寿人不幸于未满期之先身故，则即时将所保金额如数赔给。

公益为国 晚年凄景

1915年，广州岭南遇大灾后，旅沪的粤籍商民于7月18日集会讨论筹赈办法，议决由金星人寿兼水灾保险公司垫款，从芜湖购运赈米8000包运往灾区。

1917年3月14日，中国政府正式对德国宣战。17日，上海法租界以同济医工学堂是德国的产业，防止德国人利用该校制造武器为借口，出兵包围同济，宣布解散学校，并限令师生于当晚7时前离校。

金星人寿、南洋兄弟烟草公司和中华书局共同负担同济离校学生食宿费用，并去电教育部要求设法对同济学生作善后安排，才使学生暂时安顿下来。后唐绍仪提议，吴淞中国公学已停办，可向该校校长梁启超商借空关着的校舍，同济得以留存。

民国初奠，经费不支，孙中山经常借款应急。有一次，为了解决革命烈士遗属的生活困难，他亲书借条，嘱侍卫黄惠龙持往上海四川路唐绍仪主办的金星人寿息借2万元。公司经理陈君发电至上海龙环路孙中山寓所询问："此项借款以何物作担保？"孙中山对传话器大声说："以孙中山作抵押！"因语出意料，在旁的陈龙韬大为惊奇。孙中山见状，便说："为了付

言论造人材

唐绍仪

唐绍仪的书法作品

给七十二烈士遗属的生活费，我不能不这样做。"因为公司章程明文规定，凡抵押品者概不垫借，陈君感于先生厚待革命烈属，遂从自己存款项下拨借2万元。两个月后，孙中山派陈龙韬将借款连本带利如数送还，收回借据。并对陈君慨叹道："穷总理不如富经理，怪不得香山同乡跟我革命的少，跟唐少川做生意的人多。"

由于唐绍仪为政清廉，微薄的官俸所入，时常令其入不敷出。因之，时时感到捉襟见肘，只有从公司挪用。

金星保险公司倒闭后，唐绍仪在沪生活的大部分费用只能依赖他人了。

滞留"孤岛" 被刺身亡

抗战初期，唐绍仪曾秉承蒋介石的旨意与日本人密谈谋和条件。上海沦陷后，唐绍仪将妻室及子女送往香港，但自己仍留居上海法租界。

由于他的政治声望引起敌伪的注意，日本拟订"南唐北吴"计划，特务头子土肥原贤二组织了对华特别委员会，负责做唐绍仪、吴佩孚的工作，计划由唐绍仪组织全国性的伪政府，由其取代蒋介石的地位。

日本特务首脑如谷正文、土肥原贤二等和汉奸陈中孚、温宗尧等频繁往来于唐府。广州抗敌后援会去电唐绍仪，请其脱离恶势力的包围，刻日南归，唐绍仪不予答复。

广州市各社会团体联衔电催唐绍仪南归，并汇去旅费2万元。唐绍仪仍置之不理，旅费也不肯收。唐绍仪是历经政治风云、老于世故的成熟政治人物，对于自己的荣辱得失是有充分考虑的，但因身居日寇包围中的上海而不愿得罪任何一方，便采取与各方关系暧昧不明的态度，这就不能不引起多方揣测，置自身于险境。

1938年9月28日，土肥原贤二在唐绍仪女婿岑德广的带领下，亲自赴唐宅长谈。军统特务侦知此事后，汇报给重庆方面。戴笠遂派人赴沪暗杀唐绍仪。

唐绍仪遇刺后，一些国民党元老十分不满没有掌握唐绍仪失节的确证就将其杀害。蒋介石下令付治丧费5000元，并将唐绍仪生平事迹存付国史馆，以平息风波。

唐绍仪故居位于唐家镇山房路99号，由并连成一整楼的前后两座组成，后座为唐绍仪祖父于清朝所建，前座为唐绍仪于1929年所扩建。唐绍仪在此出生和生活过。

【轶事】

当了总理再当县长

1929年，唐绍仪回到故乡，就任中山县训政实施委员会主席。在就职词中，他表示要用25年的时间，"将中山县建设成为全国各县的模范"。1931年3月，唐绍仪自告奋勇地竞选成了中山县县长。他为政清廉，革除官吏衙门陋习，并微服察访，及时解决一些实际问题，有"布衣县长"之称。新中国成立后，毛泽东几次公开用唐绍仪"当了总理再当县长"的例子，来教育干部能上能下。

《中国日报》受到在港的保皇党人士叶恩等破坏及控告，涉讼多年，被官司牵累得有被拍卖停版的可能。为挽救该报，李煜堂慨然出资将《中国日报》买下，使这一革命喉舌的日报不致停刊，并支持该报经费达6年之久，直到辛亥革命成功。

李煜堂：保险大王

李煜堂

从"洋务运动"开始尝试实业救国，到甲午战争后《续富国策·劝工强国说》一书的出版，再到第一次世界大战之后，"实业救国论"始终是民族发展的主流观点之一。"革命救国论"则基本是从甲午战争失利、光绪变法失败和义和团"扶清灭洋"招致八国联军和清政府联合绞杀之后开始的。有很多著名的人士用终身去实践这两种观点。但是在这两个领域都作出重大贡献的人却并不多。其中就有一位保险界的人物李煜堂，世人称之为"保险大王"。

李煜堂（1851—1936），名文奎，字煜堂，广东省台山市人。李家兄弟七人，李煜堂排行第四。

1868年，李煜堂随父兄出洋。世代以经商为业的李家，自有一套华人的经商心得。经过多年打拼，李煜堂兄弟七人在美洲相继以经商致富。

在那个时代，作为华人，在美洲生活殊为不易，因而，这群人对于强国也有着异常深刻的体会与执着。中年之后，已经在美洲有所积蓄的李煜堂返港继承父业，经营参茸药材生意，并创办金利源、水利源两家药材

广东台山东坑李氏族谱

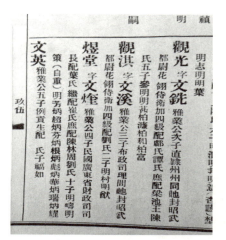

广东台山东坑李氏族谱

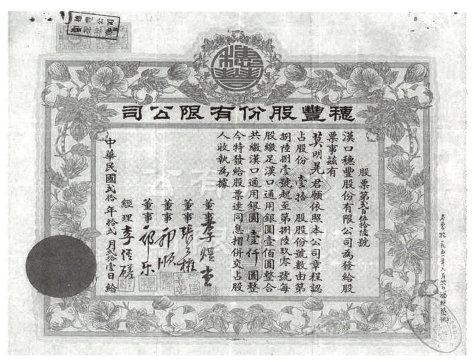

穗丰股份有限公司股票

香港广东银行原貌

行。甲午战争后，他积极创办实业，先后兴办广州电力公司、河南机器磨面公司、汉口穗丰股份有限公司、哈尔滨置业公司及泰生源出入口货行等实业公司。

1902年，受当时香港整体环境的影响，他积极投身于金融保险业，创立了联益互保火险兼洋面燕梳有限公司。此后他多点开花，陆续参与筹办康年、联泰、羊城、联保等保险公司，并投资设立了香港广东银行（任董事长）、康年储蓄银行，成为上海新新百货公司董事、大中华股份有限公司董事等，实行多元化经营，成为清末民初实业救国的楷模。

除了在实业领域投入巨大外，李煜堂还是一位较早接受革命思想的实业家。受孙中山"驱逐鞑虏、恢复中华"革命理念的影响，早在1900年，李煜堂便命自己当时年仅18岁的儿子李自重东渡日本求学。李自重到日本后，起先就读于大同学校，后听说孙中山创办了一所革命军事学校，专门吸收旅日华人，宣传革命道理。1903年李自重便与好友冯自由（后为李煜堂女婿）相约赴该校就读。入学不久，李自重便成为孙中山所倚重的年轻骨干。1904年，孙中山亲自主持了李自重加入同盟会的"问心事"仪式。1905年，孙中山派李自重和冯自由返港，并任命两人为省港澳同盟会的主盟，以打开革命局面。从此，李家与革命结缘，开始为救亡图存而奔波，李煜堂也成为革命救国的先驱。

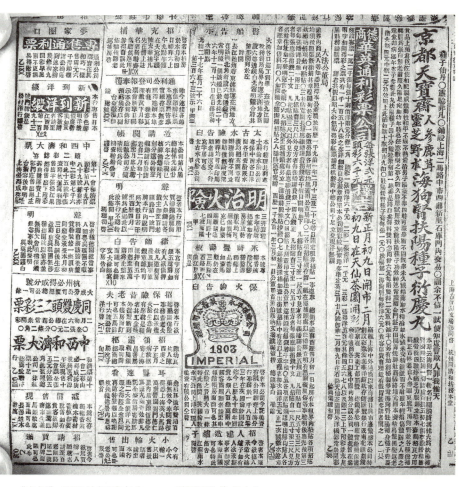

《申报》刊发的招聘广告——"招保险昔老夫"。

血泪教训中的民族保险

"保险洋行号燕梳，行中股实有盈余。纷纷派送燕梳纸，岁底年年送历书。"这是1875年一期《申报》上的一首竹枝词，说的是西洋保险公司在沿海城市开拓市场的情形。其中的"燕梳"二字，其实是英文单词"insurance"（保险）的粤语音译。除了"燕梳"这个翻译外，在早期的各种报刊上，"insurance"又被翻译成"俾稳""使稳"，这更是地道的广东话了。到了20世纪初，广州沙面岛上更是出现了一股"保险潮"，上百家外资保险公司或通过洋行代理，或自己设立公司，将触角伸及岭南城乡。

沙面岛上各家代理保险业务的洋行都是个中老手。他们充分利用"信息不对称"的优势，动辄把自己代理的保险公司说成是海外百年老店，资本千万元，并受到本国政府的严格监管，十分可靠；他们还聘请交际甚广

沙面位于珠江岔口白鹅潭畔，占地面积330亩。

的本地人担任经纪，四处活动，招揽生意。不过，公司到底有没有注册备案，本钱究竟有多少，大老板到底是谁，别说投保富商，就是经纪人，也是一头雾水，但当时的人们受到整体环境的影响，还是觉得洋商财大气粗，不会轻易走人，故而沙面洋行的保险生意在广州渐成气候。到20世纪30年代，竟有100多家保险公司或自设分号，或通过沙面洋行代理，在广州做起了生意。面对本地富人，沙面洋行一面聘用本地经纪大卖保险，一面把手里的"刀"磨得锃亮。以火险为例，据记载，人们每投保1000银元，就得支付30~60银元的保费，成本已经不低，可真到了理赔的时候，洋行往往就会横生枝节。根据当时的行规，火灾损失的赔偿，是烧掉几成赔几成，但洋行未派人到场时，业主不能自行移动受损财物，否则一概拒赔。有时洋行的人来得慢了一点，业主只能眼睁睁地看着苦心经营的产业烧成

1915年广州乙卯火灾后的十三行。

灰烬。

不过，就算完全照着洋行的规矩做了，保险金也未必能顺利到手。以1915年广州乙卯火灾中的十三行大火为例，一家油烛店失火，导致"火烧连营"，将当时联兴街上的商铺焚烧殆尽，承保这些商铺的洋商不愿出巨资理赔，撤掉公司招牌，脚底抹油——溜了。

中国的民族保险，不论是创建于洋务运动时期的仁济合，还是进入20世纪后在省港地区爆发式增长的民族保险业，其创办的动力之一，是备受外洋保险公司欺诈、勒索的。外洋保险保费高企、条款欺诈、强行拒赔等事屡见不鲜。

也正是由于这种痛苦的经历，让当时的商界痛定思痛，各类豪杰人物竞相出面，合纵连横，成立了众多的保险公司。李煜堂便是其中取得"赫赫威名"的人。

1902年，李煜堂创立了旗下的第一家保险公司——联益互保火险兼洋面燕梳有限公司。此后，借助国内反帝反封建革命浪潮的风起，以及华人自创保险公司在语言、文化等领域的优势，李煜堂相继创办了康年、联泰、羊城、联保4家保险公司。这些保险公司规模最大时，分店遍布国内各口岸及南洋诸岛，李煜堂也因此赢得了"保险大王"的称谓。

1913年9月，由李煜堂、伍耀庭、林护、李苑生、马应彪等共同发起创设羊城水火保险有限公司（也称羊城保险置业），资本总额为港币100万元，股份2万股，每股港币50元，其中董事长林护，总司理李苑生。

该公司经营水火险兼置业按揭，先后在香港、新加坡、哈尔滨、仰光、上海等地设分公司，在吉隆坡、石岐、汕头、江门、梧州等地设代理处。

伍耀庭为香港著名绅商。

林护是广东省新会市牛湾镇上升乡飞龙村人，同治十年（1871年）出生，旅澳华侨，后定居香港，从事建筑业，成为建筑界之巨子。

1915年，李煜堂以广东银行为主体，与李自重、伍耀庭、李葆葵、黄茂林、陈任国等共同发起并于香港创建上海联保水火险有限公司，资本总

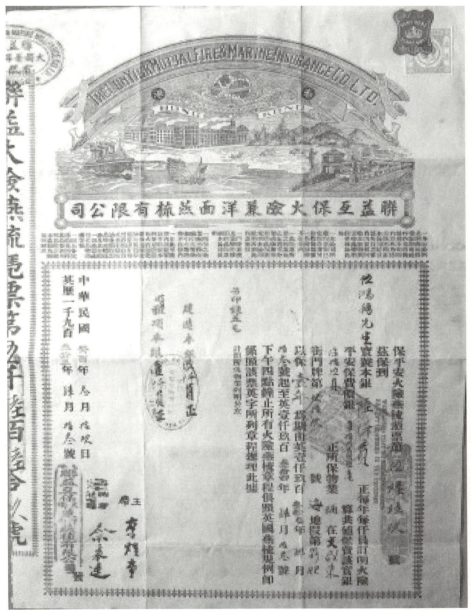

联益互保火险兼洋面燕梳有限公司保单

上海联保水火有限公司股票

额原拟筹300万元鹰洋，实收143万元鹰洋。

总公司设在香港德辅道中，李煜堂任董事会主席兼总司理，在上海、汉口、天津、大连、广州、哈尔滨、仰光开设了分公司，在镇江、九江、杭州、烟台等地设立了代表处。1920年，上海分公司在实业部注册，经营水火险、船壳险、汽车险等业务。1927年，总公司由香港迁至上海。李煜堂去世后，由其子李自重任总司理，直至上海解放时停业。

李葆葵，香港著名绅商。民国时曾任农商部顾问。对于香港社会建设、慈善事业贡献良多。曾三次获英皇奖章，1959年获MBE勋衔。1910年参与筹办香港大学，又创办华商总会、侨港新会商会，并担任上述两会会长。1922年出任华商总会主席。1948年任香港绅士法庭法官。

黄茂林，民国佛教学者。广东人，生卒年不详。擅长英文。民国二十二年（1933年）赴锡兰（今斯里兰卡）研究巴利文、梵文，后因肺疾逝于锡兰。

陈任国（1862—1936），香港实业家，中国同盟会会员，广东省台山县南乡人。早年在美国经营药店，获孙中山引为同志，多次捐款资助革命。

联泰保险公司是由李煜堂、李葆葵、黄耀东、李荣生共同发起的。其创建于香港，资本总额150万国币，总司理谭焕堂，总公司设在香港德辅道中，下设上海、广州等分公司，经营水火险，船壳险，汽车险等业务。

1929年12月，上海联保、联泰、肇泰、羊城4家保险公司设立"四行联合总理处"。原上海总商会总务主任兼商业夜校校长、肇泰保险公司总经理徐可陛被聘为司理，建议保单上载明四联经理处所受分保数额，办理分保业务。至此，中国第一家专业再保险公司华商联合保险公司正式创立。

李煜堂这位被誉为"保险大王"的实业家，对推动早期民族保险业的发展所起到的重要作用，其经营思想和经验得失，成为中国民族保险发展的一个典型代表。

投身革命　救国危亡

李煜堂思想开明，赞成革命，其子李自重和女婿冯自由更是在1905年加入同盟会，成为港、澳地区重要的革命人士。

1905年，美国颁布禁止华工入境条例。作为旅居美洲的华侨，深知海外华人疾苦的李煜堂就此积极联络广州、香港工商学报界组织拒约会，公开支持抵制美货运动。在运动中，李煜堂联合何启、曹善允等与美商代表谈判，并达成"十二条款"草案。此件事情之后，他对国弱民贫深有感触，并于同年加入香港同盟会，积极参加革命活动。

《中国日报》是孙中山先生于1899年在香港创办的革命报刊，当时属于文裕书店。由于受到在港的保皇党人士叶恩等破坏及控告，涉讼多年，该报被官司牵累得有被拍卖停版的可能。受冯自由、陈少白之请，为挽救该报，李煜堂慨然出资将《中国日报》买下，使这一革命喉舌的日报不致停

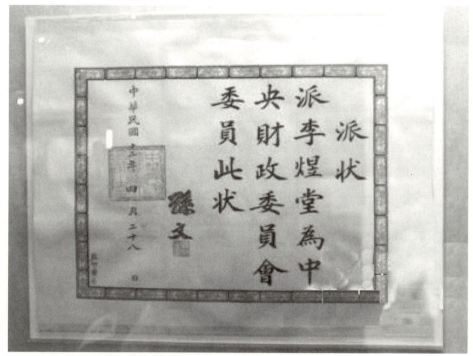

孙中山委任李煜堂为广东军政府中央财政委员会委员的任命状。

刊，并支持该报经费达6年之久，直到辛亥革命成功。

　　1910年，广州新军起义失败，义军溃退，阵亡百余人，被捕百余人，另有百余人撤至香港，其余革命党人受到当地政府的严密监视。为方便革命党继续开展工作，李煜堂将其开在香港的金利源药材店作为革命党秘密联络点，掩护革命党行动。黄花岗起义前夕，为支援起义，李煜堂曾一夜筹集80万元军费，并于第二日送至广州。其间，李煜堂还利用自己的药店，掩护了不少革命党人及其携带的枪弹军械。

　　辛亥革命爆发，广东光复，其子李自重与后来的台山县县长李海云在当地发展革命组织，扩大同盟会，使其成为广东革命发展的一支重要力量。1911年南京国民政府成立期间，所有海外的党部汇款都是由金利源药店代为出面筹集的。

民国政府成立后，李煜堂曾任大元帅府参议、总统府参议、中央财政委员会委员、广东实业集团董事等职，并被推举为广东省财政司长。李自重也一度担任广东省财政司收课课长。但是李煜堂任职半年后全身而退，此后专心于实业发展。

"九一八"事变后，年逾八旬的李煜堂被选为国难会议议员。为接济义军，他每日于港商华侨之间奔走呼号，筹款不下200万元。后积劳成疾，在他卧床期间，仍不忘国难。"一·二八"事变发生后，他又积极筹款支援抗日义军。

1936年，李煜堂病逝，享年85岁。他曾著有《九国游记》。民国政府以"振兴实业，赞助革命，输财济饷，筹策匡时"予以褒扬。

2011年3~5月，香港举办"辛亥革命百周年展"，展出400多件与辛亥革命有关的历史珍品。其中，台山籍"保险大王"李煜堂后人提供了其71岁大寿寿幛、委任状和照片等珍贵文物。此寿幛记载了李煜堂对辛亥革命的显赫功绩，包括在1911年11月9日广东光复后出任财政司长等。

陈卓平受中国传统文化熏陶颇深，崇尚太史公的立德、立功、立言"三不朽"之说。爱群大厦落成之日，他认为自己已有德于时、有功于世，唯欠立言一项，且年已花甲，须要抓紧遂此心愿。

陈卓平：留下的不只是爱群大酒店

陈卓平

陈卓平（1877－1953），字鹏超，号遇宗，台山市斗山镇六村大平里人，父亲在新加坡十字街开设了一家陈泗隆号杂货店。陈卓平8岁时跟随母亲去了新加坡，后来回国读书，先后在台山六村鳌峰书院（现提领中学）、广海书院（现广海中学）、宁阳书院（现台师中学）学习。光绪二十八年（1902年），陈卓平赴河南省参加清政府补行的庚子、辛丑恩正并科乡试，考中第35名举人。

1900年是庚子年，因八国联军入侵，当年正科考试被迫停止。1901年是辛丑年，慈禧太后从西安返回北京，因而加试一场"恩科"，增加录取名额，破例允许秀才跨省考举人，这是罕见的特例。

1907年，陈卓平赴新加坡接管父亲留下的产业。1908年，孙中山在云南河口起义失败后去了新加坡，陈卓平即去晋谒，当即由孙中山主盟，宣誓加入同盟会。

参加同盟会　效力为革命

入会后，陈卓平为革命筹款奔波，曾多次以陈泗隆号的名义把款汇回国内的革命者手上。不久，陈卓平将新加坡陈泗隆号与香港公慎隆号合股经营，自己则完全摆脱商务，住在澳门荷兰园，专心做革命工作。

1910年，他以同盟会副会长兼秘书的身份，协助林君复，代替谢英伯主持了澳门同盟会分会的活动，并成立"濠镜阅书社"作为同盟会分会活动的公开场所，宣传反清革命，发展会员，筹款支持革命。

1911年2月，陈卓平回台山进行革命活动被人告密，逃到香港后与李天德等人创办了《民生丛报》。他一边担任编辑，一边为3月29日的广州起义筹款。广州起义失败后，他又回到澳门，同林君复、莫纪彭、何振等人，几经努力，策动了前山清廷新军起义。起义成功后进行整编，陈卓平为参谋，随军开进广州。后武昌起义成功，广州光复，陈卓平在广州任广东省临时议会议员和广东都督府枢密部参议。其所在队伍被编成北伐军参加北伐。陈卓平不赞成北伐，认为"民国既成四海一，正宜息马事农街"，主张"欲复长江北，先安五岭南"。所以，当北伐军开拔时，他留下来担任省临时议会议员和都督府枢密部参议。

1912年3月，陈卓平被胡汉民委派为茂名县知事兼会办高州军务。茂名是高州首县，当时无人主持县政，地方秩序非常混乱。陈卓平到任后，即召开县议会，筹议地方上兴革事宜，组织法庭；审理民间刑事诉讼案件；筹划高州至水东的公路；禁烟禁赌；复设县城及四乡的警察，维护地方治安；多次带兵督战，剿匪锄奸。自此茂名匪患遂平。1913年7月，陈卓平辞去茂名知县一职，改任两阳绥靖处督办。

1915年，袁世凯密谋称帝，陈卓平赴新加坡，加入中华革命党。此时，中国政坛风云变幻莫测，袁世凯派兵南下，龙济光在广州大肆搜捕，通缉革命党人。陈卓平虽逃亡于港澳与新加坡之间，仍然竭力为讨袁驱龙筹款，并于1915年4月，在新加坡由叶夏声介绍，许崇智主盟，加入了中华革命党。

1917年南下护法期间，陈卓平受孙中山派遣到南洋与邓泽如一起以经营军事内囤公债为手段筹饷，历时1个月，得款3万余元。

回到故里　致力家乡建设

几年的逃亡生活，陈卓平耳闻目睹了一些政客及军阀中的阴暗面，深感悲怒，又因力劝孙中山调离陈炯明的意见不被接纳，对革命前途产生了疑虑。于是，陈卓平立意从高层政治斗争的旋涡中退出，回到故乡致力于地方治安和公益事业。

1918年春天，陈卓平受家乡绅耆联名邀请，回六村组建团防公所，抗拒土匪。陈卓平仿照兵营制招募壮丁120名，编为六村团军，自己担任团务监督。他一方面向海外华侨募款，不断更新六村团军的武器装备和通信设备；另一方面，开办军官讲习所，招募有文化的青年，仿照陆军速成科的形式进行培训，提高官兵的素质。1924年，他出任台山县下三都筹防局局长，效力于发展地方武装，维持地方治安秩序。

1927年春，陈卓平向六村自治会提出筹建太和医院的倡议和计划，得到赞同。他吸取筹建太和学校失败的教训，立即撰写印发了《创建六村太和医院劝捐序》，在海内外华侨、侨眷中广为宣传，大造舆论。

1928年元旦，陈卓平见筹款时机成熟，便乘昃臣总统号轮船由香港出发，经吴淞口、神户、横滨渡过太平洋，直抵美国金门，在美国和加拿大进行为期近一年的募捐活动；回到香港后，又与陈孔森继续在香港募捐，共得款19万多元。回乡后，成立太和医院建筑委员会，陈卓平任会长。1930年择定院址，于1931年3月动工，1932年底揭幕开业。揭幕之日，六村地区盛况空前，连放烟火、舞龙、演大戏，热闹了3天。后来，陈卓平又发动族人继续捐建了第二院和第三院，使太和医院更为完善。太和医院占地7000多平方米，园林式布局，配套齐全，设备先进，颇具规模，成为台山县南部地区的医疗中心。

太和医院揭幕后，陈卓平向揭幕大会报告了筹建经过，表示坚决不担任太和医院董事长，也不担任董事。

太和医院在当时是家颇具规模且设备先进的医院，它一出现，立即声名远扬，成为当时台山南部地区的医疗中心。在当时，农村建成这样的医院，不能不说是台山及六村族人的骄傲。当时太和医院不但设备先进，而且人才济济。其第一任院长陈基良毕业于北洋医科大学堂，曾任广东公立医学院教师，医术精湛，尤其擅长外科。应六村族中父老的邀请，辞退在广州的各种职务和结束医所，担任了太和医院第一任院长。其后人中有6人毕业于高等院校，从事医学等工作。当时太和医院对求诊者无论贫富一视同仁，体恤乡亲疾苦，贫苦病者减免收费。医院可以从事内科、外科、妇产科等，可以做膀胱结石、上下肢截除、肿瘤、孕妇难产和五官小外科等手术，还提供牛痘、霍乱疫苗的接种，深受群众好评。

　　新中国成立后，卫生部、中国疾病预防控制中心、世界卫生组织的专家组成的国家艾滋病综合防治示范区工作督导组到台山检查督导时，深入到斗山镇太和卫生院美沙酮门诊调研。专家们被医院幽雅的环境所吸引，认为是治病疗养的好地方。

太和医院主楼

太和医院经历几十年的风风雨雨，原来的房屋、设备已不再适应时代需要。改革开放以后，海内外一大批热心人士呼吁重新修建太和医院。现在所看到的医院是由海内外乡亲捐助500多万元于1991年扩建成的。陈卓平当年兴建的太和医院主楼目前还在，其余附属建筑都已不在。

站在始建于1931年的建筑物前，环目四望，这栋距今80多年的大楼周围，还可以依稀看到过去的园林布局，林木、花园、喷水池、院道。主楼占地1000多平方米，楼高3层，前面钟楼高耸，左右两翼平伸，宽敞明亮。一位曾长期在太和医院工作的医生说，这栋主楼当初的功能分布为：一楼是礼堂、门诊、药房及普通病房；二楼是产房、手术室、X光室、会诊室、电疗室和特别病房；三楼是院长、医生和职工宿舍。当年的附属建筑物厨房、电机房、自来水塔、公厕则分散在周围，不过如今都已经不存在了。走进这座尘封已久的大楼一角，这里还完整保存着由陈卓平撰写的六村太和医院碑记。

太和医院手绘图

再建爱群

1928年夏，陈卓平在为太和医院募集资金时，走遍南洋、美洲各地，还积极宣传人寿保险的重要性，10个月时间，筹集金额达200万元。1930年，他在香港德辅道总行地址购买了保险公司铺位，改建为7层新式洋楼，正式成立香港爱群人寿保险有限公司。

民国时期的爱群大酒店

103

　　为了扩充业务，陈卓平决定在广州建立分公司，准备经营保险业和旅游业。因此，他在广州珠江河畔（今爱群大厦所在地）购买新填地一块，于1934年春破土动工，经过3年6个月的奋战，爱群大酒店终于1937年夏建成。其得名是因由香港爱群人寿保险有限公司投资兴建的。

　　爱群大酒店当时建设面积为1.14万平方米，高64米，共15层，壮观雄伟，是当时中国南方建筑之冠，被新闻界誉为"开南中国高层建筑之新纪元"，并以设备最新式、完善、豪华而著称，在海内外都有较大的影响。

　　爱群大酒店落成之日，国民党军政要人李宗仁、孙科、于右任、余汉谋等都亲自题词庆祝，富商名流争相捧场致贺，故翰墨题词琳琅满目。

香港爱群人寿保险股份有限公司广州行、广州爱群大酒店开幕纪念刊。

香港爱群人寿保险有限公司保单抵押借款收据。

前往观盛者熙熙攘攘，轰动一时。旧时代的"爱群"是显露权力和身份的场所，平民百姓难以涉足。就连其门前骑楼下的长廊，一般人都不敢随意踏入。

20世纪30年代，胡适先生访问广州时，就下榻在爱群大酒店。1952年，爱群大酒店易名为爱群大厦。20世纪50年代至60年代初，这座气宇轩昂的高级宾馆，既是广州的特征，又是对外交往的重要场所。首任广州市长叶剑英曾在此多次接待港澳人士及各国代表。那时，东欧等国的文艺、体育团体以及各国使者喜欢光临"爱群"，中南局书记陶铸及前广东省省长陈郁经常在"爱群"宴请外宾。

1966年3月，在连接爱群大厦的东侧，建成一座18层、高67.32米、面积为1.3万平方米的新楼。新楼建成不久，正是"文化大革命"开始之时，爱群大厦也易名为人民大厦。

改革开放后，为了适应旅游业发展的需要，1981年8月，大厦引进外资进行全面改造装修。1984年12月，大厦利用其地处市中心、濒临珠江得天独厚的地理环境，在16楼加建了一个旋转餐厅。旋转餐厅被美誉为"闹市中心的空中楼阁"。1985年3月，人民大厦复名为爱群大厦。1988年11月，又复名为爱群大酒店。虽然历尽沧桑，"爱群"依然屹立在珠江之畔。

晚年立言

陈卓平造福于民不遗余力。日本侵华战争，其实业受到沉重打击。然而，当1941年台山县沦陷时，尽管他已64岁，仍参加香港台山商会的救济委员会，为救济台山的灾民赴新加坡筹款。

陈卓平受中国传统文化熏陶颇深，崇尚太史公的立德、立功、立言"三不朽"之说。爱群大厦落成之日，他认为自己已有德于时，有功于世，唯欠立言一项，且年已花甲，须要抓紧遂此心愿。于是，他回到乡下，用了8个月的时间，将以前自己写的1000多首诗歌重新校删审定，选出280首

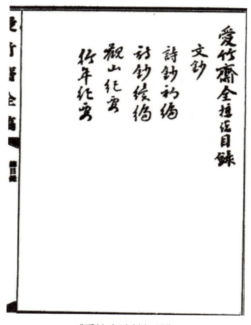

《爱竹斋诗钞初编》

编成《爱竹斋诗钞初编》，于1938年5月自费出版。

1947年，他将自己所撰写的《行年纪要》《爱竹斋诗钞初编》《爱竹斋诗钞续编》《爱竹斋文钞》《观山纪要》等作品汇集编成《爱竹斋全集》，1948年交香港东雅印务有限公司承印出版。

陈卓平1953年病逝于香港，终年76岁。

陈卓平给后人留下了一座爱群大厦，一家太和医院，一本《爱竹斋全集》。他虽未曾做过什么大官，但以自己的努力，对社会、对人民做了不少好事。他的一生应该说是积极奋进的一生。他爱国爱乡，事业上有所建树，对国家、对社会做过贡献；他为人正直，不肯与丑类同流合污，进退自由，活得潇洒。他实现了所追求的立德、立功、立言的人生目标，给后人以有益的启示。

"八年艰苦的抗战，以及接着而来的内战，中国的文化工作者们，是在怎样的一种情况下工作着、斗争着和生活着，而且是怎样捧出了自己的热血和生命，献给我们的文化、祖国和人民？"

——莫洛先生《陨落的星辰》

张似旭：首创中华人寿保险协进社

张似旭

1947年，地处温岭一隅的莫洛先生在《陨落的星辰》一书中记录了民国期间消失的约130位名人，其中张似旭以新闻界的身份位列其中。他的陨落是因为，1940年7月19日遭日伪特务暗杀，为国捐躯。但是，他的另外一个极为重要的身份——中国寿险教育的先驱，却极少有人提到。

一名名记的华丽转身

对于新闻界而言，这个并不重要，但是对于保险界而言，张似旭尤为重要。

张似旭（1900—1940），1900年2月1日出生于广东省饶平县隆都白水湖乡。《潮汕市文史资料》记载，张似旭早年就读于其父执教的汕头华英学校，毕业后赴美就读于哈佛大学，获文学学士学位。后转入哥伦比亚大学，攻读新闻学。1923年从美国毕业回国，历任天津《华北星报》记者、苏州东吴大学教授。

留学期间，张似旭与犹他州盐湖城华侨名门闺秀相恋并成婚，1924年

《陨落的星辰》是民国时期出版的唯一的文艺传记集，共收集整理了1937—1948年约130位死难的作家、翻译家、戏剧家、音乐家和记者。其中鲜为人知的张似旭也在的其中。

回国。

张似旭具有新闻记者敏锐的洞察力和广阔视野，才思快捷，加上精熟的英语交际应用能力以及留学美国的经历，迅速成为当时新闻界的后起之秀和编辑群体中的佼佼者。

回国之初，他先在天津英文报《华北星报》任记者、编辑，后出任东吴大学新闻学教授。1927年，任外交部公署驻沪办事处特派员一等秘书，不久兼任上海民国新闻社总编辑。1930年，张似旭出任上海美商《大陆报》编辑主任。1932年，张似旭在国民政府外交部任情报司司长，并在5月5日代替南京政府首席谈判代表郭泰祺（郭泰祺因伤入住宏恩医院）前往英国领事署，出席签订《淞沪停战协定》的会议。

由于对国民政府的软弱忍让、出卖国家权益的态度深为不满，张似旭自此对外交官的生涯心灰意冷。之后，他放弃了看似光鲜的仕途，把主要精力投入到报刊出版业以及人寿保险事业。

首创中华人寿保险协进社

尽管19世纪初保险即伴随着开禁通商从欧美传入中国，民族保险业1865年正式诞生，但是半个多世纪过后，依然进展缓慢，尤其是寿险业务的发展严重滞后。华商福安水火人寿保险公司于1894年兼营寿险，华安人寿保险公司于1907年设立专营寿险，之后上海永康人寿、上海永宁人寿和延年人寿等寿险公司相继成立，但是均因缺乏寿险人才以及科学的经营管理，开办数年即告停业。由此外商公司垄断了中国寿险市场，民族寿险业受到掣肘而步履徘徊。

凭借开阔的视野以及超乎常人的洞察力，张似旭不但早已领略了欧美保险公司的悠久历史、宏大规模以及蓬勃发展的前景，而且他认为寿险是一项伟大的经济互助事业，可以保障人民的经济生活，维护社会安宁。

同时，他敏锐地捕捉到，民族寿险业务发展滞后的问题症结在于：尽管寿险市场的消费需求十分旺盛，发展前景也十分广阔，但是业界很少有保险原理知识的研究与观念的普及，导致寿险人才匮乏，消费意识不强。

欲工其事，先利其器。张似旭呼吁保险业界从建立学术社团、推广寿险理念做起，以便培育这个潜在的巨大市场。

1932年9月，张似旭倡议发起组建中华人寿保险协进社，并很快得到了华安合群保寿、友邦人寿、泰山、四海、宁绍人寿、先施人寿等7家经营寿险业务的保险公司的积极响应。在成立大会上，7家创始成员的保险公司代表一致推举张似旭担任社长，并且聘用郭佩弦、陈克勤、欧阳婉、沈雷春为总编辑。

中华人寿保险协进社是中国历史上成立的第一个专业寿险理念的推广

机构，迄今为止，80余年，从事寿险人数虽逾数百余万人，但未有超越的机构。

传播寿险知识　培育寿险专才

在张似旭的主持下，中华人寿保险协进社不辱使命，在保险学术和保险实务研究及宣传普及方面做了大量的工作，开创性地组织了一系列有益于寿险事业发展的活动。

一是在高等院校普及寿险理念和知识，培养寿险专才。中华人寿保险协进社在高校中举办寿险演讲会。如组织专家分赴圣约翰大学、大夏大学等院校讲演寿险学理，以激发大学生学习研究寿险专业的兴趣。配合高校开设寿险专业课程，如沪江大学、大夏大学等都开设了寿险课程，由中华人寿保险协进社派人员担任教授。其间，张似旭在大夏大学商学院兼职任教，讲授保险学课程。当时一些大学校长或教授还购买了寿险产品，如沪江大学校长刘湛恩等。

二是面向社会，培养寿险专门人才。中华人寿保险协进社开设了人寿保险函授科，相当于函授学校，以服务社会为宗旨，编写寿险讲义，分送给学员自修使用；函授学习者遇到疑难问题不能解决时，则通过函询讨论解答，鼓励有志于保险事业者自学寿险知识。

三是组织译著新书，出版保险刊物。中华人寿保险协进社定期编辑出版了《寿险季刊》《寿险界》等刊物，翻译、编辑、出版发行了《人寿保险社会学》《人寿保险经济学》《人寿保险招徕学》《人寿保险推广方法》《人寿保险概论》《寿险嘉言集》6本专著；同时还积极协助太平保险公司出版发行了《保险界》，协助宁绍人寿保险公司出版发行了《人寿》等刊物。

四是开设寿险专栏，普及寿险消费理念。张似旭认为，只有使更多的国人理解寿险理论，提高全社会对寿险的认识，才能使寿险观念家喻户晓，深入人心，自愿购买寿险产品。为此，中华人寿保险协进社在当时各

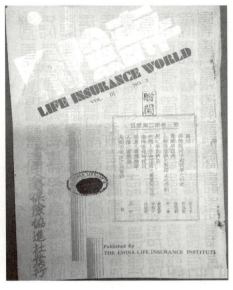

中华人寿保险协进社《寿险季刊》第一卷第三期。

中华人寿保险协进社《寿险界》第三卷第二期。

大报刊上开辟了定期的保险专栏，如《申报》的"人寿保险专刊"、《新闻夜报》的"保险周刊"、《晨报》的"寿险特刊"、《大美晚报》的"寿险专刊"等，充分运用报刊传媒手段，营造舆论氛围，大张旗鼓地宣传人寿保险对国计民生的重要意义，普及寿险观念。

张似旭把寿险事业的发展提升到事关国计民生的高度，他慷慨陈词，大声疾呼："多设寿险公司，发展寿险事业，聚集全国人民的零星游资，奖励国民的节俭，蔚为国家的富源、国家的宝藏。还以用之于国家的事业，谋人民的福利。"

张似旭本人还相继在《时事新报》《中华日报》《寿险季刊》《寿险界》《银行周报》等报刊上发表了大量的文章，散见于其中的就有《人寿保险与国家经济的发展》《人寿保险与慈善事业》《节俭与国家前途》《生命的经济价值》《人寿保险与家庭之稳固》《人寿保险与国家的财源》《投保人应有的

111

言猶在耳……

宅生前不是說要
保壽嗎，儂偏反對，
現在呢？言猶在耳，
人去財空嗷嗷待
哺，如何度日？

上海愛多亞路十九號
中華人壽保險協進社

《东方杂志》刊登的中华人寿保险协进社广告。

认识》《人寿保险与人类生命的价值》《外商在华经营人寿保险事业之概况》等十余篇。

四册《中国保险年鉴》概览中外全貌

相较于欧美，至20世纪30年代，中国保险业仍然十分落后。"以史为鉴，方可知兴衰"，然而，当时的保险业界各自为政，盲目竞争，以致大多数民族保险公司业务水平停滞不前，朝兴夕废，难以持久。其中隐情则是各保险公司历年的营业状况没有准确的统计资料可以借鉴，也没开展系统的调查统计工作。

有鉴于此，张似旭认为，唯有建立保险统计工作，依靠科学管理，方能振兴民族保险业，与外商保险公司相抗衡而挽回利权。为此，他提出了收集保险业务材料编制年鉴的创议，得到了业界有识之士的赞成。

1934年7月，张似旭以"阐扬保险学理与收集业务材料"为宗旨，指定中华人寿保险协进社的年轻编辑沈雷春主持编辑年鉴事宜，并在各方面给予鼎力支持。

经过半年多的艰辛努力，1935年3月，我国有史以来的第一部《中国保险年鉴》诞生，开创了中国保险发展史的先河。

欣喜之余，张似旭在"序言"中客观评价："虽不能尽善尽美，然在我国保险业中，尚属不可多得之参考材料。盖保险与国民之关系已日益深切，保险年鉴之披露，实足以增进国民对于保险业之了解与信赖。"

《中国保险年鉴》全书共分四篇，上篇为保险概论，中篇介绍了世界各国的保险概况，下篇为中国保险业概况，附篇刊载保险法规条款、保险契约、保险同业公会章程、保险公司章程以及保险书刊论著等内容。全书较完备地汇辑了中外保险公司的业务纪实，对全国中外保险公司的设立、注册年月、年限、资本、董事、监察、总分公司所在地及职员姓名、代理处所在地及代理人姓名、资产负债、损益状况等，均有翔实记载。

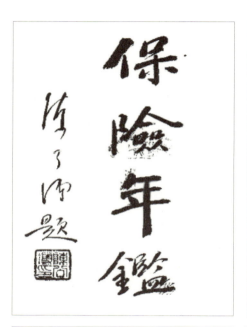

1935年《中国保险年鉴》封面及广告页

　　这种规模宏大的系统史籍，概览了当时中外保险业的全貌，不仅在当时被誉为"保险界的向导、被保险人的顾问和研究保险学者的津梁"，而且为业界后继者留下了一笔宝贵的财富。

　　以我们今天的观点看来，编制出版《中国保险年鉴》的创举，既可系统总结行业成败经验，为业界管理者经营决策提供科学借鉴和必需的历史文献资料及工具书，同时也可着眼于未来，为社会各界了解保险提供一面"窗口"，可以借机弘扬先进的行业文化，重塑良好行业形象，是赢得公众信赖与支持所不可或缺的。

　　在沈雷春、曹鹏等人的不断努力下，自1935年至1938年《中国保险年鉴》先后出版4册。

　　沈雷春是浙江人，杭州之江大学文学士。曾任浙江《东南新闻》主笔、上海浙江兴业银行行员，后转华安合群保寿公司，1937年进入友邦人寿保险公司工作，1936年成为中国保险学会会员，1938年参与发起筹组上海市保险业业余联谊会。

　　在张似旭及中华人寿保险协进社的积极倡导和影响下，国人的寿险理念有了很大的改观，渐渐深入人心，不但一度扭转了中国学术理论界对保险学术研究不够重视、保险专业书刊不多，以及社会民众漠视保险的状况，而且民族寿险业借此有了扩张的内生动力和外在氛围，进入了发展最快的时期，及至抗日战争全面爆发。

　　张似旭的寿险宣传举措得到"远东保险大王"史带的青睐，他应邀先后出任美商友邦人寿保险公司董事、营业总监、美商《大美晚报》中文版发行人、大美出版公司经理、保华保险公司董事。同时，张似旭还积极支持保险同业组织的群众工作。1938年上半年，"上海市保险业业余联谊会"成立，鉴于其在保险业界的崇高声望，被聘为理事会的名誉理事，张似旭还担任了征求会员委员会的名誉总队长，支持会员征集和筹募经费活动。

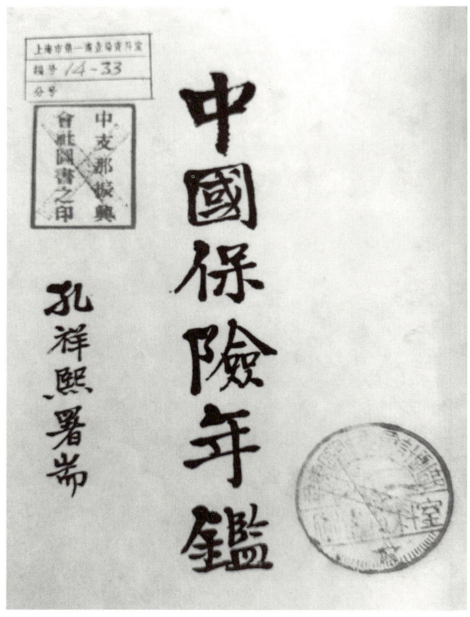

1937年《中国保险年鉴》

《大美晚报》

坚持正义　以笔为武

在第一次国内革命战争时期，上海的报纸上充斥着对国共合作进行诬蔑的不实报道。1925 年国共合作进行第二次东征之后，张似旭作为上海《大陆报》的特派记者，现场采访了东征后的胜利局面，在上海的报纸上对国共合作的胜利成果进行了客观报道，澄清了原有报纸上的不实之词。1927 年"四一二"反革命事变发生之后，张似旭出于民主意识，多次在报纸上发表反对内战、维护安定的言论，因此被国民党当局逮捕入狱。后来，国民党当局迫于舆论压力释放了张似旭。

张似旭办报刊，始终坚持"对外争取国家独立，驱逐敌寇；对内督促政治民主，严惩贪污"的宗旨，立场坚定，为民众所称道。

"七君子"合影，左一为王造时。

早在1933年夏天就与王造时（"抗日七君子"之一）共同导演过一场精彩绝伦的好戏——公开刊登绝密暗杀名单的"勾魂单事件"。

1932年12月，宋庆龄、蔡元培、鲁迅、杨杏佛、王造时等人发起中国民权保障同盟会，开展谴责法西斯、宣传抗日救亡、反对蒋氏独裁、积极营救进步人士等一系列活动。张似旭利用《大美晚报》积极予以报道。但半年后国民党当局诬蔑民盟会为"非法组织"，予以取缔。民盟会未做理会，仍旧与当局作着针锋相对的斗争。

在此情况下，特务组织蓝衣社开始了有预谋的暗杀活动，首先于1933年6月暗杀杨杏佛于街头。一时间上海阴云密布。王造时确信暗杀才刚刚开始。他考虑再三，决定主动出击。于是找张似旭协商：能否把蓝衣社拟暗杀的名单通过报刊公布出来。

如果公布这样一份暗杀名单，极有可能惹来杀身之祸。张似旭犹豫再三，毅然将这份名单刊登在了发行量和影响力极大的《大美晚报》中英文版首要位置。这份绝密的"勾魂单"如一枚重磅炸弹引爆，一时间各家报刊纷纷转载，舆论哗然，举国震惊。迫于压力，时任上海市市长吴铁城不得不召集社会及媒体人士公开发表谈话进行搪塞，蓝衣社的暗杀行动就此罢手。这一报道间接保护了大批爱国进步人士的安全。

抗日救国　不惜牺牲

抗日战争全面爆发后，张似旭与上海一些上层爱国知识分子一起，组织爱国团体"国际情报处"，搜集敌伪情报。他还出任该团体的对外宣传机关"国际问题研究会"的要员。1938年6月，他参加了宋庆龄发起组织的"保卫中国同盟"，成为上海分会的领导成员之一，他积极采用"节约救济""文化之夜"等活动方式，动员上海市民捐募款项，积极募集大量药品

张似旭被暗杀时的起士林咖啡馆。

和医疗器械等物资，支援新四军。

抗日战争期间，张似旭以《大美晚报》为舆论阵地，不遗余力地进行抗日宣传，激励民众的抗日情绪。他聘请朱惺公、柯灵、潘大年等持爱国进步立场的文化人士主编《大美晚报》的《夜光》副刊、《大美报》的《浅草》副刊，大量刊发宣传抗日爱国的文章。

1939年，在大片国土沦陷，沦陷区人民陷于苦闷情绪时，身处孤岛的《大美晚报》连续发表了一组题为《民族正气——中华民族英雄专辑》的文章，介绍文天祥、顾炎武等人的爱国事迹；同时连载《汉奸史话》，鞭挞历代出卖国家利益的丑恶人物。这些文章极大地激发了人们的爱国热情。

汪精卫公开投敌后，《大美晚报》刊发《改汪精卫诗》，对汪精卫的卖国行径进行辛辣讽刺和严厉鞭挞。《大美晚报》的抗日宣传活动使日本侵略者和汪伪汉奸恨之入骨。他们多次对报社进行打砸，并以采取爆炸行动加以恐吓，还通过租界当局勒令停办《大美晚报》。对于张似旭本人，他们采用寄子弹、寄死人断手等无所不用其极的方式，企图阻止张似旭的抗日宣传活动。1939年日伪特务暗杀了《大美晚报》编辑、爱国报人朱惺公，张似旭等为朱惺公举行了隆重的葬礼，并表示"再接再厉，一死一继"，决不改变抗日爱国的立场。

1940年7月，汪精卫以伪行政院长的名义发布命令，公开通缉张似旭等83名在租界内公开从事抗日爱国活动的各界人士。面对敌人的嚣张气焰和亲友的担心，张似旭表示，为国家、为民族鞠躬尽瘁，宁死无悔，决不会逃跑。

1940年7月19日，张似旭在静安寺路起士林咖啡馆遭日伪特务暗杀，为国捐躯，年仅40岁。

张似旭是列名于汪精卫"通缉令"而第一个被打死的新闻工作者，此后《大美晚报》同人程振章、李骏英等陆续惨遭枪杀。

关于张似旭的葬礼情形，时报叙述如下：

"张氏慷慨殉难后，党国俊彦，中外人士，莫不同声哀悼，其遗体业于

友邦人壽保險公司營業總監
張似旭先生遇害

《申报》刊登张似旭遇害新闻

23日晨七时，由万国殡仪馆移至贝当路美国教堂，于九时举行庄严肃穆之大敛仪式，然后送虹桥公墓下殡，万方同吊，举国震悼，张氏身后哀荣，当可随其贞勇精神，含笑九泉矣。"

"先生之于商，如战士之于疆场，奋往迈进，未尝懈怠也。黎明而起，先诸任事者至；戴星而归，后诸任事者退。凡肆中童仆职役，琐屑操作之事，莫不躬自督促之。三十余年，如一日也。其尤难能者，先生年愈老精力愈强健，而谋划愈勤。不以富示骄，不以齿示尊。"

——中山籍香港知名人士　黄冷观

马应彪：先施保险　百年犹在

马应彪

马应彪是我国早期工商业界的优秀代表，他创办了中国早期四大百货公司之一的先施公司，推动了中国百货业的重大变革，被尊称为"香港商父""中国民族百货业的先驱"。

先施公司的名称，是马应彪先生取的。一是"先施"两字取自四书《中庸》篇"先施以诚"；二是"先施"两字，是英文 sincere 的音译，取其诚信的意思，因而得名。

1925 年，在公司开业 25 周年庆祝典礼中，马应彪曾阐释"先施"名字的由来：倘未能先以诚实施于人，就很难得客户的信任。

目前在香港上市的先施有限公司（香港交易所：0244）的主要股东是先施人寿有限公司及先施保险置业有限公司，它是香港第一家华资百货公司，也是香港早年规模最大的百货公司，为香港零售业创下多项创举。

当年先施公司、永安公司、新新公司（香港版本为中华百货公司）和大新公司合称后四大公司。

四十而立　先施开幕

马应彪（1864—1944），1860年出生于广州香山县南区沙涌村（今属中山市）。马应彪出身寒微，只读过三年私塾。当他还在幼年时，其父亲就被人贩子"卖猪仔"骗到澳大利亚，并一直下落不明。他只能与母亲相依为命。

1881年，21岁的马应彪经多方辗转前往澳大利亚悉尼谋生，淘金贩菜，历尽艰辛。三年后创办永生公司，贩卖水果，终于有成。

1892年，马应彪受孙中山的影响，抱着"实业救国"的心愿回国。

1894年，马应彪在香港开设信庄及永昌金山庄，开办侨汇兼经销进出口的生意。积累了多年经商的经验后，颇有经济头脑的马应彪想，如果能把悉尼办百货公司的经营方法和管理制度带回中国，办百货业一定能获利。他的想法得到了蔡兴、郭乐等同乡的支持。

1899年，马应彪带着筹集的资金2.5万元，在香港皇后大道中172号开设了先施百货公司，并于1901年正式开业。

公司创办时，有股东12人，马应彪标新立异，极力倡议搜罗百货，实行不二价等经营方式，股东毁誉不一，几次提出结业。马应彪没有失去信心，坚持己见，以诚信待客，公司日益兴旺，于1909年组成先施股份有限公司（以下简称先施公司）。

马应彪把西方先进的商业文化成功地引进国内，推动了近现代中国的商业革命。1910年先施在广州设立分公司（以下简称广州先施），成为当时广州最大的百货公司。

1914年，先施于广州开张之日，最引起轰动的却是老板娘霍庆棠站柜台的事情。

广州先施筹建时人手不够，便贴出招聘女店员的启事。但因国民初期女性仍受封建时代"三从四德"的影响，不愿抛头露面，结果1个多月都无人应聘。马应彪的妻子霍庆棠亲自披挂上阵，做起了公司化妆品部的售货员，还带动两个小姑和她一起来售货。她不但仪态端庄，而且善于辞令，深受顾客欢迎，一时间"三个女人同台站"的佳话传遍坊间。

霍庆棠的举动，让她成了中国第一个站柜台的女售货员，这在当时可以说是惊世骇俗，为中国妇女走向社会起了先驱作用。在她的影响下，终于有女性来应聘售货员了。

霍庆棠在先施公司的发展中，一直辅助马应彪。20世纪30年代，世界著名化妆品品牌蜜丝佛陀化妆品厂派化妆师到先施公司为顾客化妆，马应彪、霍庆棠利用与孙中山一家的交情，邀请孙中山夫人第一个到店接受化妆，更是成为当时广州的一大新闻。

中国商号的传统交易方式是讨价还价。马应彪率先用明码实价的形式，是近代中国商业销售技术中的一个创举。这种"一刀见血"的方式最接近商业经济的本质。

1917年上海先施公司开幕。上海先施公司附设的屋顶游乐场、东亚旅馆和豪华餐厅也纷纷开张，还有杂耍、魔术、宁波滩簧、绍兴戏、京戏等。公司开业第二年，营业额已相当于投资资本的两倍。先施公司开创了中国百货业的新时代。

马应彪在商业上的大胆开拓、勇于创新的精神，激励了不少的爱国人士，吸引了许多志同道合的同胞和乡亲。同乡郭乐、郭泉、刘锡基、李敏周、黄焕南、蔡兴、蔡昌等在马应彪的影响下步入商界，立志"商业救国"，成为上海四大公司的创办人。

百年老店　商界之雄

广州长堤大马路318号，骑楼石柱上挂着一块石碑：原址建筑为先施有限公司环球货品粤行；首创不二价，是当时广东最大的民族资本企业……1976年先施公司在火灾中焚毁；1984年在先施公司旧址建起华厦百货公司。

在1976年6月12日的广州先施公司大火中，24人葬身火海，其中大部分是奋不顾身冲进火场抢救货物而牺牲的群众，这场灾难也伴随先施公司的名字成为老广州人心中一段难以磨灭的记忆。

然而，与广州先施公司一墙之隔、位于西面的东亚大酒店和北面的两幢附楼却毫发未损。当年的豪华酒店和高级员工公寓，百年后已成为公租房、出租屋、仓库和小旅馆的融合体。而这些仍在服务的地砖、天花、门窗已经历经了整整100年。

登上六楼的天台，竟有几座大型的金字顶礼堂式建筑及一栋三层高的楼中楼，这就是100年前闻名粤港的先施游乐场。马师曾、红线女等大老倌当年经常在这里演出。

先施公司还曾经先后建立化妆品、机械、家私、油漆、玩具等工厂10多间，兼办酒店、旅馆、银行业等，公司遍及港、粤、沪，生意遍及全国以及欧洲、南洋等。公司头25年业绩，资本由2.5万元增至700多万元，股东由12人增至3000多人，职员由25人增至2000余人，另职工数千人，一跃成为环球商界之雄。

公司在成立25周年时，于1924年出版了一本大16开纪念特刊《先施公司25周年纪念册》，内容分序文、题词、颂赞、摄影、论著、记载、余兴七部分。仅题词、颂赞摄影就占了纪念册约1/3的篇幅。题词、颂赞者，除了同行的有关公司、商会、各大小新闻媒体、教育、交通、银行等机构外，更多的是各界政要、名人、文人雅士，如黎元洪、张作霖、康有为、胡素贞、傅疆、吴寿贤、李翰芬、劳念祖、许世英、陈积勋、魏邦平、岑春煊、张轶欧、王赓廷、黄冷观、邹鲁、范源廉、梁士诒、李孝颐等人，足可见昔日先施公司誉满海内外。

新中国成立后，先施广州旅馆公私合营。上海百货门市部于1954年停业，旅馆于1956年公私合营。改革开放以后，香港先施公司在1993年重返上海南京路开店时，带回了所有老上海人的记忆。上海先施公司新址建在了现在的南京东路479号。马应彪的后人，先施集团董事总经理马景煊不止一次去仰望现在的上海时装公司大楼七层楼顶的大钟和霓虹，这座建筑依旧是这条"中华商业第一街"的标志性建筑。可以说改革开放以来先施集团一直以积极审慎的策略，发展内地、香港两地的业务，以维持其零售业翘楚的地位。

除百货业务外，先施集团在香港及内地还经营家居家私业务Sincere Living、360全面体广告公司、Uniglobe旅游公司等。如今的先施集团是香港历史最悠久、享誉最隆的百货公司之一。其仍然主要以零售业务为主，秉承"先施以诚"的经营之道，从世界各地搜罗时尚优质货品，包括潮流服饰、手袋鞋履、户外运动用品、美容产品、家品、电器、寝具、浴室、旅行用品及食品等，货品种类一应俱全。除此之外，先施集团也多元化发展有关物业投资、物业发展、证券买卖、广告代理及旅行社特许经营等业务。早于1972年，先施集团已于香港交易所主板上市，主要股东是先施人寿有限公司及先施保险置业有限公司。

1997年，由于香港经济不景气及零售业的转变，部分先施百货分店先后结业，包括2000年九龙城广场分店和2001年铜锣湾利舞台广场分店。2003年8月，旺角亚皆老街分店被国美电器代替。现在先施百货在香港有4家分店，分别位于中环、旺角、深水埗及荃湾，而旺角琼华旗舰店的面积约3716平方米。先施集团为适应市场变化，也开设22nd Avenue欧陆时尚服饰专卖店，主攻潮流品位一族。现在先施集团由创办人马应彪的后人经营，执行主席为马景华，董事总经理为马景煊。

2012年，先施集团与屈臣氏集团首次合作开设全港首间百货及超市二合一全新概念店SU-PA-DE-PA。截至2013年2月，根据财务报表所示，先施集团已持有近7亿港元资产净值，聘用员工超过500名。

洋为中用　成功之道

先施公司由创业、发展、壮大所经历的25年中，中国正处在清末民初的半封建半殖民地、内忧外患之中，各大商埠主权沦落，工商事业操纵于欧美等外国资本家手中。风雨飘摇的旧中国，劳苦大众备受压迫、战乱、灾害之苦。先施公司马应彪等却以坚韧不拔的精神为国为民振兴实业，与外国资本家"分庭抗礼"，经过25年的艰苦努力，战胜各种险阻，终于取得誉满中外的惊人业绩，为中华民族争光。先施公司创办25年，创造出名震中外的业绩，其成功之道主要有以下五条：

第一，洋为中用。先施公司在国内率先成功推行"不二价""提倡女子职业""商店使用升降机"。这些都是马应彪在澳大利亚谋生时从国外学到的先进经验，这些经验成功地被运用到中国的工商实际中，有效地提高了生产力，提高了经营效益，一改我国以往落后的经营状况和陋习。

第二，振兴实业。先施公司创办商业百货公司取得显著成绩并站稳脚跟后，就向工业发展，兴办各类工厂，以及保险、银行、酒店、旅馆等行业，以商业带动工业、保险、金融、酒店、娱乐等行业。

第三，推销国产。先施公司最初经营全球百货，在日本侵华，国人抵制日货后，追随国民意旨，积极推销国货，并加大力度实行"前店后厂"的加工销售方式，将国货推向欧洲、南洋等世界各地，备受国人赞誉。

第四，培育人才。公司设立德育部，以道德为宗，指引国人向善；设立智育部，如设夜校教授中英文及珠算等学科，培育工商等各类人才。至该公司成立25周年时，已有职工数千名，可见该公司也是一所工商业大学，培育出众多的人才。

第五，捐助慈善。服务社会是先施的精神，每有灾害，则筹款赈灾、赠粮、赠药，从不间断；公司内设惠爱会，组织善堂医院，为职工解决疾病之苦。

作为百年老字号，时至今日先施仍能为人们津津乐道，先施的成功之道和先施精神，仍然值得我们深思和借鉴。

先施保险　百年犹在

先施公司在经营百货之外犹有余力，还在实业投资方面开辟了多项业

先施保险置业有限公司总部大楼

香港先施保险置业股份有限公司股票

务的发展。保险置业乃其中之佼佼者。

　　1915年7月15日，先施公司董事会同意马应彪的提议，决定由香港、上海、广州三地先施公司各拨款40万港元，共120万港元作为资本金，创办先施保险置业有限公司，总部设在香港并注册，蔡兴任总司理。同时在上海、广州设分局，继而在石岐、福州、天津、汉口、梧州、江门以及新加坡、越南、泰国等地设分公司，经营水险、火险、置业、按揭等业务。代理分公司遍及中国华中、华南、华北、西北和东北各主要城市。1972年，增股至500万港元。

　　开业伊始，适逢第一次世界大战正酣，外商保险公司对中国市场无暇兼顾。因此先施公司见机而行，抢占保险市场，取代洋商保险公司，业务进展至为迅速。分公司代理处遍及中国大江南北，以及东南亚各地。业务稳步增进，盈利则每年递增。

　　但在发展过程中也曾经多次遭遇挫折，如1931年和1932年，泰国和越南两家分公司因大火损失，业务遂告结束。1941年，因为太平洋战争爆

香港先施有限公司股票

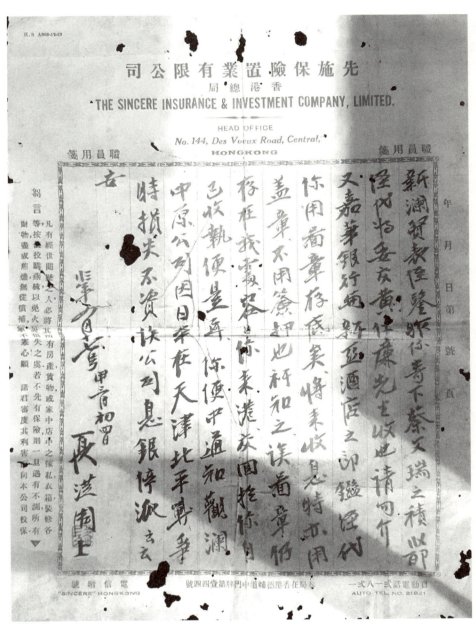

先施保险置业有限公司职员用笺

先施百货位于上海大厦

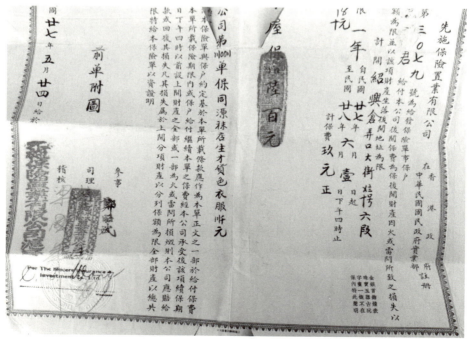

香港先施保险置业有限公司保单（局部）

发，日寇占领中国，中国各地的分公司不得不相继停顿。直至1945年，战争虽然结束，但是只有香港总公司、上海分公司和新加坡分公司恢复业务。1948年，新加坡分公司因为业务裹足不前自动停业。解放后，先施上海分局继续营业，接受社会主义改造。1952年1月，上海分局部分参与12家民营保险公司和中国人民保险公司组建公私合营新丰保险公司。

俗谚有云："留得青山在，哪怕无柴烧？"诚信而有征。

1950年后，香港游资云集，工商繁盛，尤以地产一枝独秀，先施当局遂把握此一纵即逝的良机，锐意经意经营，先后将香港九龙原有的房产逐一拆除，向高空发展，改建为商业楼宇及住宅单位，以应市场的需求，如东区的先施保险大厦，崇楼屹立，美轮美奂，乃代表之作。其租金收益十分可观，尤其是资产增值超乎想象。先施保险从此飞黄腾达。此虽时势趋移，环境使然，但领导者能见机而行动，乃明智之举。

创办先施人寿

1922年，陈少霞、马永灿等提倡人寿保险业务，先施公司高层决定给予支持，遂以先施公司为发起人，成立先施人寿保险有限公司（以下简称先施人寿），额定股本为200万港元，在香港注册。初始设立的附属分行有上海分行、广州分行、天津公行、石岐分局。设立的代理机构则遍布甚广，在南京、南昌、宁波、济南、九江、汕头、江门、澳门、福州、汉口等各商埠市镇设有代理机构。

人寿保险盛行于欧美各国，但在中国则属于闻所未闻的新事业。先施人寿成立初期，感觉业务发展十分困难。当时民众对人寿保险认识不足，以为购买寿险产品涉及迷信而不乐于主动购买。先施人寿管理层于是另出奇谋，积极宣传，以"居安思危"的广告语，向海外华侨宣传，因此营业进展逐渐步入正轨。由于先施人寿的信誉卓著，加上努力推动，所以业务收益迅速提高，两三年，营业收入就达到了500万港元。

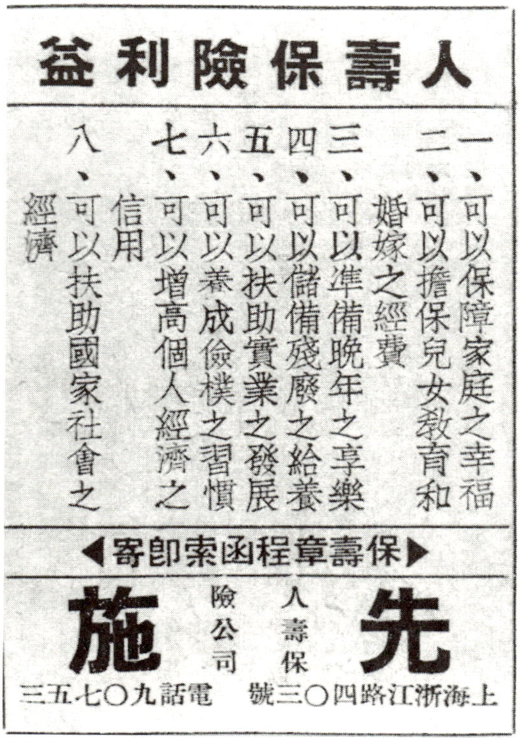

人壽保險利益

一、可以保障家庭之幸福
二、可以擔保兒女教育和婚嫁之經費
三、可以準備晚年之享樂
四、可以儲備殘廢之給養
五、可以扶助實業之發展
六、可以養成儉樸之習慣
七、可以增高個人經濟之信用
八、可以扶助國家社會之經濟

◀寄即索函程章壽保▶

先施人壽保險公司

上海浙江路四〇三號　電話九〇七·五三

先施人寿保险有限公司刊发的广告

1925年，香港工潮迭起，市面秩序凌乱不堪，商业日趋冷淡。原来以为会影响到业务发展，未曾料到，事件平息后，营业收入竟达到了800万港元。

香港开埠以来，保险事业一直被外商所垄断，华资保险公司寥寥可数，并且资本实力及信用无法和它们抗衡。但是，先施人寿因为有先施百货为背景，资本充裕，人才众多，在工潮之后，宣传更加主动积极，宣传策略为，中国人应向中国公司投资，表示爱国，以免利权外溢，所以得到了社会各界的支持。

1929年，先施人寿继续有上乘的表现，成绩斐然，营业收入达到了2000万港元。由此，他们励精图治，将公司人事及工作制度进行了大幅度

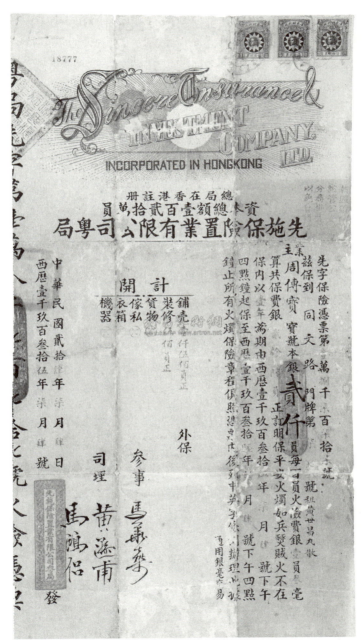

18777

The Sincere Insurance & INVESTMENT COMPANY, LTD.

INCORPORATED IN HONGKONG

資本總額壹百貳拾萬，總局在香港註冊
先施保險置業有限公司粵員局

先字保險憑票第壹萬千零百零拾零號

茲保到同文路門牌第零號祖黃世昌九叔

業主周傳寶寶號本銀貳仟員每壹員火險費銀壹毫

正，訂明保平安火燭如兵燹賊火不在

算共保費銀保內以壹年為期由西曆壹千玖百叁拾壹年

保內以壹年為期至西曆壹千玖百叁拾貳年

四黠鐘起保至西曆壹千玖百叁拾貳年月號下午

月號下午四黠

鐘止所有火燭保險章程俱照憑票庄憑辦理，後有兼另照通用銀臺六易

計開

鋪亮仟伍佰員正
裝修壹佰員正
貨物

傢私
衣箱
機器

外保

中華民國貳拾壹年零月零日
西曆壹千玖百叁拾壹年零月零號

司理 黃滌甫
參事 馬慶藜
　　　馬應彪

發

的改革，以追上时代步伐，成为现代化保险机构轴时将所存资产作有利之运用，以裕收益。在此"日新月异"局面下，先施人寿已经可与外商分庭抗礼，一争短长。

1931年，"九一八事变"爆发，日本侵略东北，战乱所及，华北、华中各分行业务遭到挫折，几陷停顿。

1937年，"七七事变"爆发，战火烽烟蔓延全国，香港虽偏安一隅，未受直接冲击，然而受间接影响，百业凋零，寿险业务受害尤深，因此营业范围日渐缩小，以致无法开展。造成先施人寿"四面楚歌"，损失不少。

1941年，香港失陷，先施人寿全部业务陷于停顿。经过3年零8个月的暗淡岁月，1945年，香港收复，阴霾尽去。由于先施人寿所存资产多属房屋地产，故元气未伤，基础稳固。有此优良条件，以及以往的辉煌历史，保险业务很快就恢复到了以往的发展状况；再加以扩大组织，推进销售，当年营业收入竟破历年的纪录，可称为先施人寿的全盛时期，从此否极泰来，前途康庄。

时至今日，先施人寿已发展成为庞大机构。由此可见，创业固属艰难，但谨守不懈，发扬光大，也非易事。

中山人的记忆

20世纪初期，香山人一提到先施人寿，总能感觉到自豪，因为这家饮誉沪、粤、澳乃至英国等地的先施公司是由广东中山人马应彪创立的。

先施人寿在香港成立后，中山分公司也随之挂牌营业，由此揭开中山保险业的第一页。

当时，先施人寿中山分公司坐落于孙文西路的马巷口，为一座钢筋水泥结构的三层骑楼，经营业务主要是人寿保险，同时兼银行信托中的抵押放款、执行遗嘱、公共信托等业务，经营范围是当时香山境内的城镇乡村。

当年辉煌门面的先施人寿中山分公司，装饰讲究，工作人员统一着

先施人寿保险有限公司保户徽章　　　　　　　　先施人寿保险有限公司徽章

装，服务热情，橱窗陈列的保险业务细则详尽，但进入保险公司大门看文字宣传资料的和询问买保险的少，真正填表办理保险业务的更是深思熟虑的人。为了促进业务发展，先施人寿中山分公司一方面在中山出版的报纸登载其经营人寿保险的口号是"储蓄保寿"，同时介绍经营业务的范围、办理手续等；另一方面派人接触归侨、侨属和工商业人士，向他们宣传。

　　由于宣传对口，中山又毗邻省港澳，受大城市的影响，基于文化因素和侨情、商情的原因，人寿保险这个新鲜事物逐渐被中山人接受，尤其是从海外回来探亲的侨胞，住在城区的港澳家属和工商业者，不少人不约而同进入中山分公司办理人寿保险。

　　抗日战争爆发后，中山市于1940年春沦陷，致使工商业受到极大创伤，先施人寿中山分公司随之结束了十多年的业务。

忠诚爱国　社会公益

马应彪在经商的同时，还追随孙中山奔走革命，曾任广东都督府庶务长、财政厅总参谋、广州红十字会主席等职。在任职期间兴办了广州方便、光华，广东公医，中山惠爱，香港雅丽氏和何妙珍等医院，而且倾情教育，关心桑梓，热心社会公益，建树良多。

马应彪在1929年任中山模范县训政委员兼财务组主任时，为纪念其父马在明，在家乡开办了在明幼儿园，捐款创办沙涌妇女学校和幼儿园、石岐世光女子学校和女子师范学校，广州的广东女子学校、培英中学，上海的郁光，南洋商业高中等校，并成为岭南大学的第一任校董，捐资兴建马应彪夫人护养院（现为中山大学校医院的一部分）、马应彪招待所（现为中山大学港澳珠江三角洲研究中心用房）。广东发生大洪水，他率先捐款救灾，并亲率船队带上衣物、食品慰问灾民。

马应彪既是商人，又是革命者，更是一位忠诚的爱国人士。1944年，马应彪因病逝世，但他创办的先施百货公司却依然延续发展至今。香港先施百货公司位于香港皇后大道中172号，为先施公司总部所在地，是一所现代化的大型购物商场。

其家族后人不仅延续了先施公司的经营理念，同时也承继了马应彪先生的爱国爱乡之精神。

【文化遗存】

马公纪念堂

马公纪念堂是马应彪于1933年为其父马在明而建。纪念堂坐北向南，总占地面积约8100平方米。

2000年11月29日被中山市人民政府公布为中山市文物保护单位。马公纪念堂规模颇大，正门为四柱三间三楼坊。进门中央置有一重檐八角攒尖顶的广东园林式建筑"在明亭"；其后置有三座不同国家风格，各具其本身

岭南（大学）学院

马应彪招待所

特色的建筑。正中为仿意大利式的两层建筑"一元堂";右边有仿英国式的三楼建筑"南源堂";左边有仿西班牙式的三楼建筑"妇儿院",现"妇儿院"改为"沙涌先施学校",校内还置有娱乐设施供学生娱乐。

沙涌南源堂

沙涌南源堂为马应彪先生的私宅。约于1929年,马氏和欧籍工程师设计兴建,马氏私宅连建三座大厦,除中座纪念堂带中国古建筑风格外,左右两座均为欧陆式大宅,园林亭台与大厦完美结合,其规模和建筑艺术在中山少见。南源堂中座为纪念堂,堂右侧为妇幼院(今马公纪念堂),堂左侧为住宅起居楼。附近有"南宝大街"(此大街全用麻石建,笔直宽敞,可并行两辆汽车,为旧中山石砌大街之最)、先施学校、应彪桥等建筑。

沙涌公园

为了造福乡里,改善居住环境,1918年,马应彪及其支持者决定为家乡兴建公园,改善村民居住环境。马应彪认为:"盖公园之设,有调剂空气之功,裨益于公共卫生者非为浅鲜";"都市中之公园,是供给清新空气与市民之窗户,无公园之都市,宛如无窗户之家屋,吾人居之,于卫生上实有大害云,是则公园宜设在人烟稠密之区也。"

为此,马应彪于同年6月18日晚上在香港住宅内举行思亲纪念典礼的时候宣布:决定捐出白银5万两建设沙涌公园。该公园延续至今,公园内容虽有所更迭,但仍是南区人们休憩游乐的好去处,惠及后人。

现在的香港永安集团大厦的名称源自永安百货，一家百多年历史的百货店及保险企业集团。德辅道中上还有两幢大厦——上环的永安中心和中环的永安人寿大厦以"永安"命名。

郭乐兄弟：香港永安郭氏家族创始人

郭 乐　　　　郭 泉

永安集团大厦（Wing On House）位于香港中环德辅道中71号，始建于1964年，楼高31层（91米），1964—1966年曾是香港最高的商厦。该大厦的现有用户包括大众银行香港分行、大众金融控股有限公司、香港律师会、中银集团人寿保险、加纳驻港领事馆、耀才证券等。

中山市竹秀园旅澳华侨郭乐、郭泉、郭葵、郭浩、郭顺五兄弟创建了这个百年老店。

远赴澳大利亚谋生　创办"永安果栏"

郭乐（1874—1956），名官乐，字鸾辉，号景崇，出生于广东省香山县一个自耕农的家庭中。少年时，他协助父亲务农。1892年，家乡遭受水灾，年仅18岁的郭乐听说澳大利亚发现金矿，他希望能在异乡创立一番事

澳大利亚昔日的淘金场

澳大利亚华人矿工纪
念石碑

业，即只身远赴澳大利亚谋生。随后，弟弟郭泉去了檀香山。

郭乐抵达澳大利亚后，先在悉尼当了两年菜园工人，后来改业成为蔬菜小贩，再后来经堂兄郭标介绍，进了由郭标和马应彪合开的永生果栏任职。所谓果栏，就是水果批发行，而这个马应彪就是日后开在上海永安公司对面的先施公司的老板。

永安果栏主要经营水果批发，兼营中国土特产的批发和零售。为了在市场的激烈竞争中生存发展下去，郭乐除了加强店中的经营管理外，还游说永生、泰生两家侨商果栏联合起来，与水果贩运商订立代销合同，这样既保证了货源，又可使代销价格固定。在他的精心运筹下，永安果栏的业务不断扩大，逐步在市场竞争中占据上风。永安果栏是郭氏兴办企业的开始，也为日后郭乐的实业之路打下了基础。

1905年，郭乐与"永生""泰生"组织了以永安为主体的生安泰公司，在斐济开辟了一个面积达数百亩的果园，大量种植香蕉等水果，雇用侨工和当地居民进行生产。鼎盛时，郭乐拥有的蕉园达18处之多，雇工1000余人，使产销自成一体。郭乐为人忠厚，据说有一次银行多付了他500澳镑，而他却如数退还，在中西人士中赢得了声誉。此外，他还兼营对华侨的存汇款，收集了大量社会游资，扩大了营运资金。

这样，郭乐为农场主兼商业资本家，并从事金融资本的经营。仅仅用了10年工夫，永安果栏后来居上，成为悉尼水果业中雄居榜首的企业，日益引起当地工商界的瞩目，而郭乐也成为侨商中的知名人士。

郭乐的其余3个弟弟也陆续到了澳大利亚，郭氏兄弟的事业由此开创。

永安百货：从香港到上海

1907年8月，郭乐为寻求更大利润，将经营重心逐渐移往国内，在香港创设了永安百货公司，并附设银业部，资本为16万港元，派弟弟郭泉任司理。刚开业时，香港永安百货公司只有10多名职工，但因为设有小客栈金山庄，为侨胞代办护照、汇款和提供食宿，所以买卖兴隆，利润丰厚。

1909年，郭乐将悉尼的永安业务交给郭顺等人负责，由澳大利亚回到香港，增添资本，扩大规模，将香港永安百货公司改组为股份有限公司（以下简称香港永安公司），将商店搬迁到闹市区，职工增加到60多人。他亲自担任香港永安公司和悉尼永安的总监督，统筹安排两处营业。在广东香山开设永安公司银业部，专营储蓄和侨汇，并先后在广州、香港开设大东酒店，建造永安货仓，在香港开设永安水火保险公司。郭乐把商业和金融业结合经营，对永安资本的扩大起了重要作用。

1913年，香港永安公司立足已稳，郭乐开始着手筹划资金50万港元，准备创建上海永安百货公司。

第一次世界大战爆发后，民族工商业发展迅速，上海市场繁荣，他果断地决定筹集200万港元的巨资，在上海建立一家国内最大的百货公司。1915年，时值中华民国成立不久，广大华侨都希望自己的祖国从此繁荣富强，纷纷踊跃投资。郭乐在华侨的支持下，共集资200万港元，开始了上海永安百货公司的筹办工作。

上海永安百货公司的筹办工作最初由郭葵负责，一年多后，郭葵因病去世，郭乐亲自前往主持。

1918年9月，上海永安百货公司正式开业，郭乐确定其营业方针为"经营环球百货，推销中华土产"。商场既从英、美、日等国购买大批货物，又搜罗国内各种土特产，品种高达1万多种，实为国内商场罕见。商场开业后，立即以它庞大的规模、豪华的气派、新颖的布局和琳琅满目的商品，轰动了整个上海。一连20多天，商场日销售额均达1万元以上，将郭乐原以为能供应一个季度的备货卖去1/2以上。郭乐只得电令从香港永安公司调拨数十万元的货物前来支持，并派出采购员四处采购货物。永安的股东们

1918年上海永安大厦

看到营业势头如此好，立即增资 50 万元，向郭乐提供必要的流动资金。

独特经营理念　打造商业奇迹

在经营日用百货中，郭乐坚持认为，眼中要有货，心中要有人，因为购买商品的是人，出售商品的也是人，只有对社会上的人研究透，又管好商店中的人，才能生意兴盛。由于永安百货公司的服务对象是社会上层人士，经营的是高档商品，因此其进货方针为"尽量搜集世界各国名牌商品，做到货物齐全，应有尽有"。为此，他除了向国内洋行订购外，还在国外设立办事处，负责采购各国商品，甚至直接向外国工厂订购。

为迎合顾客心理，发行了一种数额大小不等的"永安礼券"，人们可以用礼券送礼，受礼者可以拿着礼券到公司任意选购。还针对上层人士喜爱购物方便的心理，发行"购货折"（相当于现在的信用卡），凡持有者只需在折上记账，定期总兑。这样，既扩大了永安在社会上的信誉和影响，又获得了丰厚的利润。

对于上海永安百货公司的管理，郭乐特别注意营业员的优质服务。他在商场醒目处，挂起用霓虹灯制成的英文标语"顾客永远是对的"。他规定营业员必须对顾客笑脸相迎，有问必答，百挑不厌。他制定了齐备的规章制度，对各种人员的工作职责作了明确而具体的规定。郭乐把每年职工的提薪额分为若干档次，上与公司利润联系，下与个人考勤挂钩。售货员的考勤由"薪金""服务年度""生意成绩""品行报告""批评"5 项组成。同时，他对职工的处罚也极为严厉，如果违反规章制度，轻则罚款，重则开除。对于高级职员，郭乐给予高薪并授以相当的权力，使其责、权、利分明，提高了经营水平。

上海永安百货公司以经营"环球百货"为主，兼营旅馆、酒楼、茶室、舞厅、游乐场、银业部等业务，其营业额直线上升。1919 年，售货额达 417 万元，盈利 54 万元；1931 年，售货额达到 1428 万元，盈利 225 万

永安人寿保险有限公司、永安水火保险有限公司广告

永安水火保险有限公司收条（津局）

元；1936年，盈利共达2396万元，资本利润率每年达504%，19年的盈利为原始资本的10倍。

永安保险：百年健在

开办百货业取得了成功后，1916年1月，集资150万港元成立永安水火保险公司。总公司设在香港并注册，郭乐任董事长，林弼南为总司理，郭瑞祥任经理。先后在上海、广州设分公司，在汕头、汉口、天津、石岐、暹罗、雪梨（悉尼）等地设支公司，又在南京、苏州、无锡、常州、杭州、青岛、澳门等地设代理，经营水火险、兵盗险、汽车险、按揭、货仓、储蓄、信托、汇兑等业务。

永安人寿保险公司上海分公司同仁合影

香港永安人寿保险股份有限公司徽章

郭乐董事章

　　1924年11月21日，永安人寿保险有限公司成立，由香港永安公司、上海永安百货公司、永安纺织公司、雪梨（今悉尼）永安公司、永安水火保险公司等发起组织，总公司设在香港并注册。郭乐任董事长，何劭秋任总司理，资本初为150万港元，后增资为500万港元。

　　1925年5月在上海南京路535号设分公司。继而在广州、汉口、雪梨设分局，并在南京、北平、重庆、长沙、南昌、青岛、石岐建代理处。经营终身寿险、储蓄保险、特种储蓄保险、儿女婚嫁保险、教育年金保险、三益保险，以及人身意外保险等业务。1939年后由于战争和时局的影响，又因为当时经济恶性通货膨胀，后期业务难以开展，公司业绩下滑严重。

　　上海解放后，永安人寿保险公司上海分公司根据《解放前保险业未清偿的人寿保险契约给付办法》进行清偿后结束业务。其总公司仍在香港继续经

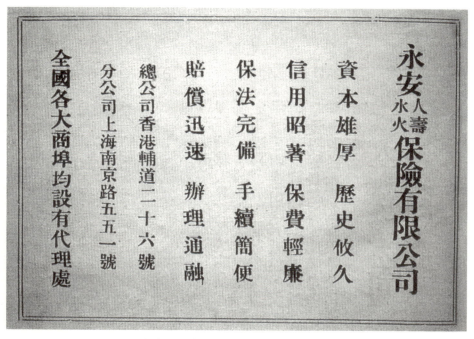

永安人寿水火保险有限公司报纸广告

营至今。

永安纱厂：实业典范

五四运动后，中国纺织业仍有发展的空间。1920年底，郭乐兄弟两人发起招股600万元，筹办上海永安纱厂，这是郭氏企业由商业推销转向工业生产的开端。1922年9月，该纱厂正式投产，拥有纱锭3万余枚，郭乐自任董事长和总监督，其弟郭顺任总经理。1925年初，郭乐收购了设备较好的大中华纱厂，改名为永安二厂。1928年春，郭乐收买鸿裕纱厂，改名永安三厂。

1929年，世界资本主义经济危机爆发，棉纺业出现表面的一时繁荣。郭乐对实业前途抱有希望，打算扩充永纱老厂，增设新厂，发展成为一个有百万纱锭，包括纺织、印染和纺织机器制造的综合企业。1930年，他又增建永安四厂，并在上海筹建永安银行。至1931年，永安纺织系统发展到拥有纺织厂4个、合股厂1个，共计纱锭24万余枚，布机1500多台，工业资本总额达3600多万元。其规模仅次于申新纺织公司，成为当时上海第二大纺织企业。

1937年"八一三"事变爆发后，永安一厂、二厂、四厂及印染厂均被日军占领，在租界内的三厂也遭到轰炸，大量物资遭到日寇掠夺。1938年3月，郭乐以大美企业公司（美商）名义，派出代表向日军交涉收回产权。日军扣押了谈判代表并指名郭乐出场。4月底，郭乐因不愿与日军合作而出走香港。

郭乐于1939年赴美国，并代表中国参加金门博览会。第二次世界大战爆发后，他决定留在美国主持三藩市和纽约市两地的永安公司业务，1956年10月郭乐因脑溢血在美园加州寓所逝世。

但郭氏家族在中国香港、内地及国外的经营一直长盛不衰。

家业传承　后继有人

郭乐离开上海后，上海永安公司交给了郭琳爽与郭棣活主管。郭琳爽

1896 年出生，体格魁梧，性格开朗，一开始读的是农学系，后改学商业。在岭南大学毕业后，又赴英、美、日、德等国进行考察、观摩，继承祖业。

郭棣活是郭氏兄弟中老四郭葵之子，岭南大学毕业后，郭乐把他送到美国麻省纽毕弗学院留学，专攻纺织工程，第一学年，考试全班第一，获得学院奖给的一枚金质奖章。1927 年毕业时，考试又名列全院第一，荣获美国棉纺同业组织授予的一块奖牌。回国后，到上海永安纺织公司担任工程师，随后升任副经理、副总经理，郭乐把上海永安纺织公司的重担交给了他。

郭琳爽和郭棣活在上海经常见面，有什么大事两人总要商议之后再行定夺。

1946 年，由于美棉压价倾销，永安各厂运用郭乐在美采购的低价美棉获得厚利。但从 1947 年下半年起，随着国民政府内战政策的加紧推行，民族工业遭受管制和勒索，永安企业不但始终未能恢复到抗战前的水平，而且直线下降转入衰败的境地。

上海解放前夕，永安各厂生产处于全面瘫痪状态，直到中华人民共和国成立后才获得改造新生。

新中国成立后，郭棣活曾任上海市人民政府委员、华东财经委员会委员、上海市侨联主任等职，1958 年调任广东省副省长。他还曾任中国民主建国会中央副主席、全国侨联副主席、全国政协常委、广东省政协副主席、广东省人大常委会副主任等职，并兼任香港特别行政区基本法起草委员会委员，直至病逝于广州。

郭琳爽曾当选为上海市人大代表、上海市政协常务委员、全国政协委员、上海市工商联副主任委员，为祖国的建设事业作出了重大贡献。

郭氏家族对家乡的公益事业十分关心。1945 年，郭顺就倡议并集资 50 万港元为竹秀园修建景春水库、街道和下水道；新中国成立后，郭棣活、郭琳爽捐助家乡建设电动排灌站，以及市华侨中学、竹秀园小学的办学经费，1981 年，郭乐的孙子郭志安也捐助家乡兴建一座郭乐楼，用于办工厂和福利事业，表现出侨居国外和港澳的郭氏后人对家乡的殷切情怀。

永安月饼的味道

历经抗战以及国民政府接管等艰难时期，随着新中国新的经济政策"发展生产，繁荣经济，公私兼顾，劳资两利"，永安公司的经营翻开了新的一页。

郭琳爽对社会主义经济规律知之甚少，一切都得从头学起。于是，他认真阅读《资本论》等书籍。

1955年秋天，郭琳爽主持召开第十三届董监事联席会议，讨论永安公司公私合营的问题，当天下午申请书送到工商联转交上海市商业局。永安公司在百货业"一马当先"跨进社会主义。郭琳爽被任命为公私合营永安公司总经理。

公私合营之后，郭琳爽当上了全国政协委员、上海市人民代表、上海市工商联副主任委员，兼职多了，社会活动也多了，经常在外面奔波，虽然累点，倒也心情舒畅。永安公司变化的结果，营业额增加，费用水平下降，资金积累扩大，利润急骤增长。1956年底，永安公司发放合营后的第一次股息，国内外的股东们喜笑颜开。

20世纪60年代，法国前总理富尔到中国访问，在北京与毛泽东、周恩来会见后，又坐专机来上海参观、访问，特意来到永安公司与郭琳爽交谈。

1965年，郭琳爽前往香港给郭泉祝寿，郭泉劝他暂时留下来看一看再定行止，郭琳爽婉言谢绝了，他仍然如期返回上海。没有想到，1966年，"文化大革命"的风暴刮起来了，郭琳爽被赶进了"牛棚"。家中的金菩萨、玉如意等珍宝，全在一片造反声中不知去向。他的住宅，不断变换着主人，今天是红卫兵司令部，明天成为造反大军联络站。他这个"反动资本家"只能住在汽车库里。

1974年秋天，他的两个定居巴西的女儿来上海探望父母。郭琳爽非常高兴，和女儿一起在家中畅饮之后，又一次情不自禁地唱起了广东戏，一板一眼，感情饱满。女儿们为老父有如此好的兴致感到高兴。可是，没想到，10月27日深夜，他心脏病突然发作，家人连忙送他到华山医院，在病历卡上填上了鲜为人知的别名：郭启棠。

医生立即抢救，诊断是心肌梗死。眼看病情危急，跟在一旁的家人悄声对医生说道："他就是郭琳爽呀，赶快救救他吧！"医生虽然竭尽全力抢救，但是他的心脏仍停止了跳动，终年78岁。

郭琳爽的丧葬仪式很简单。在香港的四女儿来上海主持丧事，上海第十百货商店（永安公司在"文革"时期改名为东方红商场，后又改为第十百货商店）革委会拟了个简单的悼词，送上去审查，其中有一句用了"爱国的"三个字被删掉了，家属只提出一个要求，要把母亲杜汉华接去香港，总算得到了批准。

1978年11月，"四人帮"被粉碎以后，中国进入了新的历史时期，中共上海市委统战部正式宣布为郭琳爽平反昭雪，恢复名誉。

夫人杜汉华回香港后，精神不振，思念夫婿得了风瘫症。每到中秋佳节她总是念叨着："我就是喜欢吃上海永安公司的月饼。"

20世纪80年代之后，永安财团由郭氏家族第三代掌管。郭琳爽排行第九的儿子郭志楷拆掉了其父亲生前居住的花园洋房，重建了一座高75米的启华大厦，是在郭启棠、杜汉华两个名字中各取一个字，寄托了郭氏第三代对父母双亲的思念。

郭琳爽在冥冥中有知，也当含笑九泉了。

　　1912—1928年，保险公司年均成立超过4家，保险业甚至一度成为民国经济界四大事业之一。蔡兴、蔡昌兄弟的香港香安水火保险有限公司就是在这个大趋势下成立的，并曾在东南亚一带广设业务机构。

蔡氏兄弟：联手创办香安保险

蔡兴　　　　　蔡昌

　　蔡兴，字祥泰，别字英辉，号礼和，1869年生，曾在上海英华书院读书，其弟蔡昌生于1877年。19世纪中叶，澳大利亚发现金矿，欧美各国殖民者竞相在这块新开发的大陆上投资开采，形成了一股淘金热潮。广东沿海一带贫苦农民也有不少结伴南渡重洋去澳大利亚开矿。少年的蔡兴也随舅父去澳大利亚谋生，初时给人帮工，后来，蔡兴结识了共同奋斗的同乡马应彪，并与郭泉、郭乐等人相识。稍有积蓄后蔡兴与马应彪等合股在雪梨（今译悉尼）开设永生水果栏，统销各方土产，生意越做越好，逐渐致富。1891年蔡兴返乡探亲，将年仅14岁的弟弟蔡昌带往澳大利亚。兄弟合营商店，并在悉尼附近开辟种植园，种植水果与蔬菜，业务不断拓展。其间，蔡兴还任该市戒烟会专员，协助当地政府肃清烟毒，成绩卓著。

　　1892年夏季，马应彪到香港为来往于中国和澳大利亚的华侨乡亲购买船票，安排住宿，传递家信，并办理汇兑等业务。1894年，马应彪在香港开设信庄和永昌金山庄，开办侨汇兼经销进出口生意。随后，马应彪产生了把悉尼办百货公司的经营方法和管理制度带回中国办百货业的想法。这个想法得到了蔡兴的大力支持。

　　1899年，蔡兴携带历年积蓄归国。应马应彪之邀，与12位华侨合伙，集资2.5万港元，在香港皇后大道中172号买得一个铺位，并于1900年1月在香港开设先施百货公司，这是中国近代最早创设的民营百货公司（还有一种说法是1901年1月正式开业）。蔡兴是该公司的创始人之一，后曾任该公司总行的董事局主席。随后，蔡昌从澳大利亚归国，也任职于先施百货公司。

大展新猷

大新百货公司

1910年，日渐成熟的蔡昌产生了自己创办大型环球百货公司的想法。遂与其兄蔡兴商议。这个想法得到了蔡兴的赞许。此后的两年间，两人往返港穗，向华侨及商界游说。1912年，两人携集资的400万港元，在香港德辅道闹市区开设了百货公司，取名大新百货公司。大新百货公司，寓意"大展新猷"，借英文名"大新"的谐音"the sun"，以旭日为商标。由蔡昌担任经理。

这时，香港的商业竞争已日趋激烈，先施、永安都是实力雄厚的大公司，如何生存下去就是个大问题。已经成熟的蔡昌对此有着自己的一番计较。他每天凌晨四点起床工作，事必躬亲，亲自掌握进货品种、数量，讲求信誉，使业务不断扩大，生意兴隆，后来居上。

在香港站稳脚跟之后，蔡昌1916年把大新百货公司的业务扩展到广州，最先在惠爱中路（位于中山五路）设立分店。1918年，蔡昌又在西堤建了规模宏大、拥有12层楼高的著名的南方大厦。

西堤店是12层钢筋水泥的大厦，自身有供电设备和电梯，是当时广州最受欢迎的购物及娱乐中心。大厦的布局非常新颖，一楼至四楼设有一条便车道，汽车可沿着楼的四周蜿蜒而上，而在屋顶又辟有大新乐园，自备有发电装置和多台电梯，这在当时的广州独此一家。大厦附近设有亚洲旅馆，设备齐全，其独特设计为国内罕见。西堤店开业后门庭若市，营业额领先于广州同业各公司。还在惠爱路开设分店，形成广州大新公司，有城内大新（位于中山五路）和城外大新（南方大厦）。彼时，外地游客曾言称："不到大新，等于没来广州。"

为了避免内部竞争，大新公司两间商店的经营项目不同：西堤店主要是百货零售兼营亚洲酒店，有觉天酒家、天台游乐场、西餐厅、理发室、照相处、验眼配镜等；惠爱分店是百货零售，兼营天台游乐场、酒业部、饮冰室、浴室等。

20世纪30年代，随着香港和广州的大新公司获得成功，蔡昌的创业热情更加高涨。他逐渐把目光转向当时中国经济的中心上海，积极筹划开设

1936年，蔡昌与同事们在大新百货公司手扶电梯旁合影。

上海大新公司。经数度审慎考虑，1932年，蔡昌赴沪，见广东同乡开的"先施""永安""新新"三大百货公司都很红火，最终决定在上海开设大新百货公司。于是，蔡昌先在上海设办庄，后遣秘书到沪探听商情，收集信息，经过缜密调查后，蔡昌拟定开始投资。

蔡昌选定的地点在新新百货公司西首的南京路与西藏路十字路口，这里原是20世纪初建造的联排式里弄住宅"忆鑫里"，十字路口转角处则是英美烟草公司代销店"荣昌祥"。由于此处多是里弄房屋，产权分属多个业主。为防止各业主哄抬地价，心思细密的蔡昌采取分头购买的办法。几番周折后，终于成功地买进该处8.2亩的地基。1934年，蔡氏兄弟集600万港元巨资，于上海南京路与西藏路十字路口，建造上海大新公司大厦。大厦于1934年11月19日破土动工。其间，还曾遭遇上海滩大亨虞洽卿的阻挠，后在香山同乡、上海市市长吴铁城的相助下才得以最后解决问题。

历时13个多月，大厦于1936年1月10日建成开业。公司由蔡昌任主席董事暨总监督，其弟蔡慧民任经理，长子蔡乃诚任副经理，全部职工800多人。这幢建筑平面呈正方形，沿转角处作弧形处理。建筑共10层，除底层橱窗四周采用具有天然光泽的黑色山东泰山石外，二楼以上全部用耐寒暑、经久不褪色的浅黄色瓷砖铺面，东、南、西三面设玻璃大门七处，打烊后用电动金属卷门封闭，外观壮丽。内部设计通风良好，光线明亮，装有冷暖气管设备，可调节室内温度，四季如春。大厦外貌简洁明朗，仅在屋顶女儿墙上作中国式挂落装饰，其他部分采用直线条处理。而它的内部装修也甚为讲究，整座大厦耗资巨大，因此大厦落成，待进货上柜时，所集资金已所剩无几，于是与英商麦加利银行协商，以新建大厦作抵押，高利借得巨额贷款作为流动资金，买进各类商品，其中60%为舶来进口货。

大厦1~4层为商场，5层为舞厅和酒家，6~10层为大新游乐场，还设有屋顶花园，且首建地下商场，内设廉价商品部。底层大厅中央的自动扶梯属国内首创，楼内还有冷暖设备等。大新游乐场布置精巧，内有"天台十六景"，同时开辟京剧、话剧、电影、滑稽、魔术等节目的演出。大新公司以其先进的装备招徕了不少顾客近悦远来，很快后来居上，成为南京路上赫赫有名的"四大公司"的龙头。

大厦内商品琳琅满目，布局新颖整齐，一目了然。营业员服饰整齐划一，男着黑呢中山装（部长西服系领带）、黑皮鞋，女着玫瑰色旗袍，食品及医药部营业员外罩白大衣，一律胸佩商店编号襟章。商场全部清洁工作由清洁公司承包，确实做到一尘不染。室内设有电梯6部，其中一部专供运货之用，此外又从美国沃的斯公司购得自动电气扶梯两座，每小时可供4000人上下，顾客购物可免上下楼梯拥挤之虞。电梯在当时是远东首家使用，因此引起市民好奇，皆以能捷足一试为快。

为避免拥挤，开业期间除印发入场请柬外，并发售兑货券，每张四角，凭券入场，按值兑货。连日在沪地各大报刊预告开业日期，广告宣称"推销中华国产，搜罗美备；选办环球物品，总汇精华"。

开业之日，蔡昌发表开业宣言："本公司联号香港大新有限公司，创立于民国元年，先后分设支行分店于广州西堤及惠爱中路，经营百货商店生意，旁及旅馆、酒楼、屋顶花园事业。抱定诚信相孚宗旨，黾勉经营，罔敢或懈，深蒙各界人士爱顾。廿载以来，生意颇有进展，同人等感奋之余，益思有以自效，爰于年前集资组织沪行。今幸新厦落成，开始营业，愿仍本惟诚惟信之旨，继续为社会服务。而对于提倡国货，自当尽其绵薄，与厂商通力合作，以利推销。方兹新张伊始，设备容有未周，尚祈各界惠临光顾，加以指导，曷胜感幸。谨此宣言，诸祈公鉴。上海大新有限公司总监督蔡昌谨启。"

开业当天上午，7时起已有人在门口等候，10时开门营业，南京路上人山人海，顾客纷至，川流不息，犹如潮涌，由于过于拥挤，场内亟须整顿，不得不于下午4时提前停止营业。

除百货商场外，大厦第四层辟为画厅展览室及总办公室；第五层设大新舞厅及大新酒家，聘请名厨，供应中西酒菜宴筵；第六层至第十层为大新游乐场，内辟电影场、各种游乐剧场及屋顶花园，每天可接纳顾客2万人次。由于适应了当时租界上寄生性社会畸形发展的需求，大新公司跻身于上海四大华商环球百货公司之列，且后来居上，营业额逐步超过比邻的先施及新新公司。统计显示，1936—1939年，上海大新公司的年营业额达300万~400万元。

此时上海、广州、香港的3家大新公司会计分开结算，各计盈亏，而以上海大新公司为主。蔡昌大权独揽，定居上海，每年往来粤、港多次，进行巡视。

涉足保险

辛亥革命的成功为民族资本主义的发展提供了有利的政治环境，因此，民族保险业也得以在一个更开放的环境中寻求发展。因为环境有利，民族保险业得到了快速成长，并在与外商同业的竞争中崭露头角，中国的民族保险业在清末洋务运动之后迎来了另一个小高峰。据统计，从1912年至1927年，仅批准注册的华商保险公司就达到了31家，实际成立的超过70家，甚至更多。相较于晚清时期（1875—1909年）年均成立0.89家的速度，1912—1928年，保险公司年均成立超过4家，保险业甚至一度成为民国经济界四大事业之一。

这个时期，不仅民族保险主体快速增加，其分支机构也大为扩展。这其中，又分作三个趋势：一是以港、粤为基地的华商公司纷纷到上海开设分局，这其中的代表以香港福安保险、香港联保水火、香港香安保险、羊城水火保险、香港先施人寿等为代表。二是沿海各通商口岸的华商保险公司以开设分局、分公司、代理处的形式向内陆重要城市挺进。如唐绍仪等人于1914年在上海发起的金星人寿保险公司，仅在1915年就于北京、天津、东三省、湖北、两广、四川、安徽等20多地开设分公司。三是部分华商保险公司将业务由国内推广至国外。

蔡兴、蔡昌兄弟的香港香安水火保险有限公司就是在这个大趋势下成立的，并曾在东南亚一带广设业务机构。

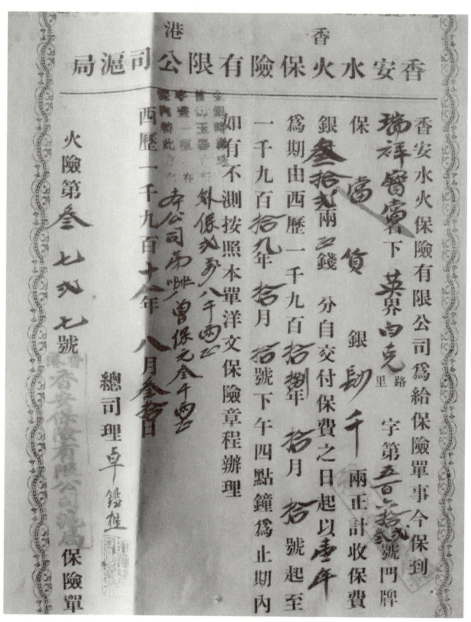

香港香安水火保险有限公司沪局保单

香安保险有限公司月份牌

1913 年，由李煜堂、伍耀庭、林护、李苑生、马应彪等共同发起的羊城水火保险有限公司（也称羊城保险置业）创设于广州。受其影响，1914 年，蔡兴、蔡昌两兄弟在香港创办了香安水火保险有限公司。

香安水火保险有限公司由蔡兴、马祖容和永安百货公司的郭泉等发起筹组创建。总公司设在香港，额定资本 100 万港元，一次收足。董事长蔡兴，董事有郭泉、马应彪、马永灿、马祖容、唐溢川、王文光、郭鉴衡、郑干生、王国璇、夏从周、杜泽文、黄绍垣、蔡昌等，总司理刘宝鋆。经营火险、水险、按揭、置业等业务。广州设分公司或支公司，江门、石岐、澳门设代理处，上海委托先施百货公司代理。

北洋时期的保险公司虽然如雨后春笋般创建起来，不过其中实力雄厚、经营稳健者不多。很多实业巨头是因为看到了保险公司在融资领域的巨大作用，因而纷纷投资设立保险公司，有的甚至是由一群不懂保险经营的人拼凑游资设立的，纯属"皮包公司"。保险知识的缺失，加上保险人才的匮乏，再加上这个时期内忧外患，战乱不断，使得很多保险公司随"涨潮"而生，伴"退潮"而亡，一时间，民族保险市场纷繁复杂。

根据上海市保险同业公会历年会员公司名录记载，1912—1928 年，入会公司 27 家，同期停业者 12 家，这其中就包括了李煜堂、马应彪等五人创办的羊城水火保险有限公司以及蔡兴、蔡昌兄弟创立的香港香安水火保险有限公司上海代表处。

蔡氏大新的落幕

蔡昌性情急躁，喜怒形于色。他对职工赏奖惩处分明，对平时工作出色者，年终会给予额外奖金；对违犯店规者，轻则当面训斥，或通过各部部长给予处分；对情节严重者，当即下令除名，不讲情面。

由于蔡昌经营有方，再加上大新公司环境优异，职员待客如宾，公司取得了初步成功。1937 年 7 月全面抗战爆发，广州南方大厦屡遭敌机轰炸，损失惨重。1938年10月广州沦陷，广州大新业务遂告停顿。上海大新由于地处租界，形成畸形繁荣局面，又因蔡昌善于经营，营业额蒸蒸日上，所欠麦加利银行的贷款于1940年一次偿清。

1941年太平洋战争爆发，日本侵略军侵占上海租界，强行对上海大新公司进行管制。不久日军占领香港，香港大新公司也遭受日本侵略军的管制。1945年8月抗战胜利后，上海曾一度出现虚假繁荣景象，大新公司营业额激增，超过永安公司而跃居四大公司之首。

1946年起，由于美国商品对华倾销，充斥国内市场，上海百货业面临绝境。此时香港大新公司营业状况则日见好转，蔡昌将经营重心从上海移向香港。从1946年起上海大新公司营业额逐渐呈现下降趋势，全年营业额远较永安、新新为低。

1947年蔡昌携家眷定居香港，上海大新公司委托代理人管理，制定多销货少进货的消极方针，逐步将沪地资金抽向香港。1948年上海大新公司又在国民党政府的限价政策变相掠夺下，元气大伤，内部空虚，更增加了蔡昌放弃上海大新公司的决心。

迨至新中国成立前夕，蔡昌又命沪行几名代理人员先后离沪去港，专注于香港大新公司的经营，而上海大新公司则形成既无资方又无资金的"两无"局面，由职工组织"企业维持委员会"维持营业。

1953年，大新公司大楼改为上海市第一百货商店，20世纪80年代前，这里的规模一直是全国最大的百货商店。同年夏，蔡昌因病在香港去世，享年77岁。

蔡兴、蔡昌两兄弟从澳洲起家，为香港早期华资企业的发展作出了贡献。两人都曾入保良局，担任局绅或局长，对港、穗、沪三地的社会福利事业捐款甚多。

蔡兴多次被选为华东医院首总理、华商总会干事值理、中山侨商会所主席。而蔡昌则在民国十八年（1929年），参加以唐绍仪为首的中山训政委员会，被推为九委员之一，并被选为常委与财务委员会主任及中山县民众实业公司董事长，为建设模范县献策出力。民国十九年（1930年），在老家外沙村新建礼和小学，免费招收附近村童入学，创办"慈善福寿帛金会"，捐资救助年老贫穷乡亲。

民国三十六年（1947年）蔡昌携全家定居香港。1950年后，曾先后任香港慈善机构保良局局长、东华三院董事长、香港中山海外同乡济难总会委员等职。

关可贵认为，通过保险教育工作，提高从业者的职业素质，重新审视行业价值，解决职业道德以及从业者终极目标的追求问题，才是解决重塑保险行业社会形象的最关键路径。

关可贵：保险教育的顶层设计者

关可贵

关可贵（1901—1969），广东开平人。我国现代著名保险教育家、经济学家。关可贵幼时在私塾就读。1914—1920年，他就读于广州圣心书院。圣心书院以英文班为主，修业期限为6年。英文班毕业生则可以到海关、邮政等部门工作。圣心书院设文科、理科，课程除中文、音乐外，还有中国地理、外国地理、格致（自然）、算术、高年级物理、化学、代数、几何、三角。为了应付商业的用途，还加了一门簿记；入账的单位是英镑、先令、便士，除了当买办有用外，与中国社会一点不相干。

关可贵在这里系统学习了西学，毕业后留校教英文。1924年，赴美国加利福尼亚大学留学，1929年获经济学硕士学位后回国，开始了他毕生追求的金融高等教育事业。

1929年开始，关可贵先后在中山大学、暨南大学、沪江大学任教保险学、经济学。自1938年应聘大夏大学教授并出任商学院工商管理系主任。1941年开始应邀兼职国立上海商学院、复旦大学等高校教授。1948年调入国立上海商学院专任教授。

国立上海商学院1946年筹建我国高等院校最早的保险系，第一任系主任由训导长吴道坤兼任。1949年该院由上海市军管会接管，吴道坤以代院长身份办理移交手续辞任，关可贵接替为第二任保险系主任。

1950年国立上海商学院改名为上海财政经济学院，续聘关可贵为教授兼保险系主任。

新中国成立初期，关可贵致力于"上海民联分保交换处"的工作，出任"民联"研究室主任，主编《防灾》杂志。

1960年上海财经学院复校，关可贵奉调回财政金融系任教授。"文革"中他饱受迫害折磨，于1969年1月因病去世，享年68岁。

有关关可贵的生平事迹，相关报道寥寥无几，半个世纪后的今天，知其者甚少。尽管如此，关可贵作为保险教育大家，理应被人们铭记。

推进保险教育顶层设计

1925年，美国即有100所高校开设了保险专业。因此，作为"海归"的经济学硕士，关可贵在美国学习了相关的保险课程。在美国求学期间，自然了解到了欧美保险市场的发达。

回国时，适逢中国保险业突飞猛进的发展时代。他也深知，中国保险业能否快速发展，关键在于保险人才的培养，在于教育。因此，他经常听取保险界前辈的谈话，了解他们对保险教育的需求，并集思广益，深入思考，进行战略谋划与总体设计。

经过多年的思考和教学实践，1939年，关可贵在《保联》第一卷第六期刊发了《推进保险教育刍言》。虽说是"刍言"，其实是谦虚之词。

该文高屋建瓴，总揽全局，不但充分显示关可贵保险理论研究的深厚功底和对保险普及教育的整体规划，而且全面系统，论述精练，可谓是民国时期有关保险教育研究最高水准的体现。

这篇文章在70多年后的今天仍然闪烁着智慧的光芒，具有十分强烈的

「畢業、就是始業」，這句話包含兩個意義，第一個意義，就是說我們在學校裏做好了基本的準備工作，現在開始憑我們所學得的，為人民服務，第二個意義，就是說我們在學校所學得的，是不夠充實，現在就開始向大社會來作實際的學習．

現在各位同學是在上商畢業了．一方面要把各位所學得的，向人民大眾作一種輝煌的和有用的貢獻，好像蜜蜂把它勞力所得的，製造蜜德出來．另一方面各位參加到新民主主義社會建設陣營中去．要掌握批評，不斷學習，這才能夠把你們的力量堅強和壯大起來．

對人民作真實的服務，向社會作不斷的學習，這是人生的真義，也是人生的樂事，願與各畢業同學共同勉勵．

一九五〇年五月二十七日　關可貴

关可贵给保险系首届毕业生的留言（1950年5月27日）。

保險學系

国立上海商学院保险系首届毕业生合影（2014年4月，赵守兵先生将该照片复制放大件精心装裱后，由中国保险学会会长姚庆海先生馈赠给时任中国人民大学校长陈雨露先生）。

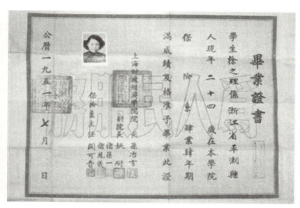

上海财政经济学院保险系毕业证（学生徐之理，由院长孙冶方、副院长姚耐、褚葆一、褚凤仪，以及保险系主任关可贵共同署名签发，经华东军政委员会教育部钤印审核备案，毕业时间为1951年7月）。

现实指导意义。

文中，关可贵首先阐述了保险业的性质及保险教育的现实意义，他说：

一是保险业不是买卖式的旧商业，而是社会化的新事业。

二是保险事业，有安定生产，恢复事业，鼓励节约，救济孤穷之功，实含有调节社会提倡道德之使命，固不仅为单纯之经济事业而已也。

三是保险事业与社会组织循环推动，表里相关。尝有谓试观保险事业之发达程度如何，便可测量一国文化之高下。

四是在文化发达的社会，保险已成为个人生活所必需的一种活动。所以从事保险事业者须将保险观念，灌输到整个社会，引起其需要，然后能尽其应有的使命，然后能望保险业务之有成。设用老式商人手段经营保险，则其业务固属微渺，而社会人士对于保险观念仍是认识模糊，罔解真义，或因受各种不良手段所熏陶，寻且对保险事业发生恶劣之反感。

五是保险原为社会人士日常所必需，经营保险者自应明瞭此旨，设法使其事业与社会需要互相调和，不相隔离；欲其成功，则舍推进保险教育其道无由也。

六是国人经营保险事业，垂四十年，而业务情形，未达相当之地位，揆厥原因，虽甚复杂，而其忽略保险教育工作，则为无可讳言之一重大因素。国人不欲扩展保险事业则已，如欲扩展保险事业，则对推进保险教育事业，自宜急起直追，迎头赶上，犹未为晚。

为了推进保险教育事业，他认为必须注重以下三件大事：一是使各从业员充分研究保险学术，即提高保险人的文化素养问题。二是使专门学校积极地重视保险课程，即要重视高等院校保险学科的设置。三是使一般民众普遍地认识保险效用，即全民保险意识的培养问题。

对于从业者、学生和民众这三类教育对象的保险教育问题，关可贵逐一进行了详尽的阐述。

1940年，"保联"第三届理事会成员合影（后排左四为关可贵）。

提升保险从业人员能力的路径和方法

上海保险业业余联谊会举办"火险实务研究班"，举行火灾保险常识测验，参加测验者共21人，考试内容都是普通的常识问题。但是测验结果表明，六道题全答者只有1人，而六道题都不知道的竟有13人。在这次测验中，参加者虽然只有少数，不能代表全部。"然我国保险从业员，平日只尽力于一小部分工作，而对一般保险知识，未曾顾及，事甚明显，其对保险教育之需要，固为急不容缓之事"。

通过这一事实，关可贵深刻感受到提倡保险学术研究的必要性和迫切性。他认为，保险从业人员是保险事业的基本构成要素，对于保险学术必须有充分研究，方能用适宜的方法，才能担负起推进保险事业的使命。保险从业人员必须设定一个入门门槛，要具备必要的职业道德和文化素养指标才能胜任。

如何提升保险从业员保险学术教育，关可贵强调要尊重实际，从中国国情出发，循序渐进：

一是举办保险训练班。此为推进保险从业员保险教育之最普通办法，职员众多之大公司，多有采用，惜其范围，略嫌褊狭，人才不易集中，而其教材亦难免"急就章"之弊。

二是举办保险实务研究班。此种办法，多为保险事业之大团体所采用，如保险业联谊会所举办者即属此类。此法虽可容纳各公司之从业员参加，惟其性质太属自由，参加研究者常觉流动，难收专注之效。

三是举办保险集会。如举行保险学术演讲会，辩论会，座谈会，读书会，保险学会等，均属此类。此法全属辅助教育性质，具有相当效力，惟不能视为正常教育办法。

四是出版保险刊物。此法能行之以常，亦能辅助保险教育，而引起从业员研究保险兴趣，更而给予其写作发表意见之机会，诚为推进保险教育不可缺少之一种办法。

五是开设保险专门学校。此为养成保险人才之根本办法。保险学校之举办形式，可分日校，夜校，函授学校，委托他校代办等。保险学校之在欧美已属司空见惯，唯我国则独付阙如，保险人才之缺乏，盖非无因也。求其轻而易举者，我国尽可在上海先办一保险夜校，依教育部专门学校规程，等于高中程度，三年毕业，保险学课程，务求完备，学员则由各保险公司分期派送，或劝令年轻职员入校攻读。树人之计，期以十年，则我国保险人才之充实，可以拭目而矣。

六是设立保险学院。"学问有如金字塔，要能广大要能高"，保险学校所以求保险学术广大者也，保险学院，则所以图其高深者也。保险学校毕业之学员，对保险学术已有广大之研究，然犹未达深邃之程度，故须有保险学院之设，使其于保险学中，专研某一部分，经过若干种试验，著作专门论文后，则根据规定程序，给以研究员之荣衔，以示其学术之优异。保险教育，发达至如斯程度，便臻蔚然之境矣。

能够有如此透彻的评述，必须经历多年的保险教育研究及工作经验积累。如此透彻的评述，与今天的情况何其相似！

高等院校保险学科设置

保险业的勃兴，除了保险业内本身的努力之外，还需要各大学及专门商业学校的支持。在此期间，行业公会和学术团体的联络组织作用不可或缺。因此，1938年，上海市保险业同业公会就和中国保险学会联名致函各大学及商业学校，请其多开设保险课程，并得到了各校的积极响应。

关可贵推出的策略和方法如下：

一是联络保险学教授。保险界应设法与各校之保险学教授及教员发生密切关系，此法一则可以使彼此发生感情，进而增强保险教育，二则可使学理与实务打成一片，教授可得实务教材，而学子亦可得较多的实益。查欧美各国保险界，对于此点，极为重视，或则聘有名之保险教授为顾问，或予以名誉的位置，或召开学会宴会等，以求时为联络，推进保险教育，诚至善之法也。

二是选聘人才。今之谈我国教育问题者，向有学非所用，用非所学之叹。查学子求学之动机，首当求其志趣之所近，次则念及将来出路问题。设使某种科学，其出路渺茫，则有志斯学者亦将减少志趣，改学他途。而为学已成者，亦觉用武无从，改弦易辙。怀才不遇，古今同慨，此不仅为人才惜，抑亦为事业之一大损失也。保险界为求鼓励保险人才计，对于设有保险课程之学校，宜不时函请征求保险学优秀人才，尽量录用，公司方面，既可用其所学，学子方面，亦可学以致用。从此保险教育，咸皆闻风兴办，人才日众矣。

三是设置奖学金与征文。对于保险学成绩优异者，给以若干奖学金，或则提出某种保险问题，向各校保险学学生，征求论文，藉资鼓励，是亦使各学校注重保险科学之一法，我国保险界尽可酌量采用推行。"

关可贵在主编《保险》月刊，开辟了"大学保险论文"的栏目，将当时沪江大学城中区商学院、大夏大学在校学生选读保险学原理、人寿保险学及损失保险学课程后撰写的优秀保险论文，连续刊发，促进了保险学术的发展。

全民保险意识的培养

保险经营以大数法则和概率论为基础，足够多的客户是保险公司稳定发展的关键。对此，关可贵有着深刻的认识："参加保险者之人数越多，则越与保险原则相符；如社会民众全部均行参加保险，则保险越能尽量发挥其功用"。因此，他特别强调指出：保险须能求其普遍，而如何宜导普遍的保险教育，则为保险界当局之唯一先决问题，毋能须臾忽视者也。

那么如何才能提高全民保险意识呢？关可贵认为唯有保险教育。他提出以下两个方法：

一是挑刺性方法。此种方法，在求挑起民众之注意，使其感受刺激，认识保险之需要，而促成其保险行为。诸凡广告、标语、及与广告相似之手段，皆属于此类。此为直接性的方法，运用得宜，收效自伟。

二是潜移性的方法。此种方法系用间接的手段，发展民众的内心，使其潜移默化地认识保险之需要，而渐渐趋向保险行为。此种方法之推进式样，至为繁多，备极变化，摘要言之，如：小学课本内添加保险教材，编印通俗保险刊物，设办流动保险图书馆，举行保险问题演讲会，编纂保险统计材料，举办防灾运动，参加卫生展览，参加慈善救济工作，举行全国保险年会，举办保险咨询服务工作，参加有益社团活动，推而至于友朋集会等，无不可以利用为推动民众保险教育的机会，挑刺性的方法，在求速成，潜移性的方法，在求后效。二者兼施，各无轩轻，持之以恒，行之以法，自有相当收效。

保险教育工作推进策略

综上所述，关可贵形成颇具前瞻性的保险教育观："上论三事，应整个同时推动，并无先后轻重之分，其推动细则，尽可斟酌情形，以求适应环境。"

从推动的操作层面，他认为应该注意以下事项：

一是保险教育应以联合力量推动。保险教育问题重大，需要人力物力的投入，不是一二人或一二公司所能完成的，必须保险界共同努力，以保险界的物力作后盾，如由保险公会等机构发起设立保险教育委员会。

二是保险教育是生利的而非分利的。保险教育是坚强保险事业阵线，扩大保险事业范围的根本性工作，其收益不能以物质而计算，但是一般人非常容易将其忽略，只注重目前收益的工作，这并非是谨慎的选择。

三是保险教育宜从速尽快推动。民族保险事业已经发展几十年了，初始阶段根基未定，要办的事很多，对于保险教育问题没有时间兼顾，也就罢了。但是最近这些年来，保险事业蓬勃发展，公司数量增多，根基渐厚，需要起努力，以补以往缺陷。有的人说，现在国难方殷，营业遭受打击，举办保险教育，现在不是时候。这种观点十分片面。保险教育，无时不需要，其收效并非一朝一夕就能见效，如果以国难方殷，无意及此，等于因噎废食；国难救平，各人将忙于复兴工作，没有时间顾及于此，与其将来忙于应付，不如趁此多暇之时，将保险教育工作，打定基础……

关可贵对于推进保险教育的系统性研究成果，非常富有远见。遗憾的是，未能付诸实现。

打造保险教育社会平台

关可贵除在多所高校执教，致力于高等教育保险理论研究之外，还走出校门，到保险行业社会机构供职，从事公益活动，当选为保险业同业公会秘书长，创办并主编《保险》月刊；当选"保联"第三届常务理事兼出版委员会主席，主编《保联》《保险》月刊；组织"保险讲习会"等。

1935年关可贵和上海市保险业同业公会主席胡詠骐相识，得到了胡詠骐的欣赏。1935年10月，上海市保险业同业公会改选，胡詠骐荣膺常务主席，关可贵被任命为保险业同业公会秘书长，负责处理公会日常事务。为了"增强保险同业团结力量，推进华商保险事业之前途"，他全心全意为业界服务，协助胡詠骐先生团结保险同业为维护华商保险企业的共同利益和振兴民族保险事业，做了许多开拓性的工作，如促成华洋同业合作；推进保险教育作为发展保险事业之首要工作；倡导专业知识学习，开展学术理论研究，以及承办各种有利于同业的工作。

胡詠骐病重后，关先生受托全权处理公会工作。1938年10月30日，"保联"第二次代表大会召开，胡詠骐因病不能前来，曾委托关先生为代表，代为致辞。

1940年11月15日，胡詠骐因胰腺癌去世，关可贵与谢寿天、李言芩、王中振等赶往胡府，与胡先生戚族，共举治丧委员会，办理善后。关可贵及时组稿编成《悼念胡詠骐先生专辑》，藉表哀思，其中关可贵撰写了《胡詠骐先生在努力保险事业中所给予我的印象》一文，回顾往事，追忆情谊，并拣出两桢两人来往信函图片，作为"胡詠骐遗墨"，公之于众，用实际行动悼念胡主席。

1941年7月15日《胡詠骐先生纪念册》出版，褒扬胡先生对保险行业的贡献，关可贵撰写了《胡先生富有群众生活之思想》的纪念文章。

担纲"保联"常务理事兼出版委员会主席

上海市保险业联谊会（以下简称"保联"），是中共上海地下党领导下的广泛团结保险职工的群众团体。

1938年7月1日，"保联"成立大会在宁波同乡会会所召开。由于关可贵在保险业界的崇高声望,被推选为理事、常务理事,此后连任三届,并兼"保联"出版委员会主席,主持出版委员会和总务部的工作。

在征求会员和筹募经费活动中,关可贵还担任了征求会员委员会的委员。在图书征求运动中,关先生与邓东明荣任总队长,负责征集图书,创建图书馆,成绩卓然。

为扩大影响,加强与会员及广大职工的联系,1938年11月"保联"创办出版了《保联》月刊,关可贵和林震峰主编。《保联》月刊先后共出版了14期,作者大多是保险界中上层知名人士,保险学教授及对保险学术有研究的专家,以及部分中共地下党员。《保联》作为地下党组织直接领导办起来的进步刊物,虽仅出版了2卷26期,但对于宣传党的政策,团结教育保险业广大职员群众,扩大抗日民族统一战线,提高保险理论水平,都起到了积极作用。

1941年10月19日,关可贵应"保联"实际负责人、中国天一保险公司会计科科长谢寿天之邀,联合发起筹建大安产物保险公司,积极筹集股金。1942年5月,大安公司正式开业,关可贵当选协理,具体负责保险业务的开展。大安公司虽是一个不满30人的小企业,但它的高中级职员,多属中共地下党员,如谢寿天、郭雨东、陈巳生、蒋学杰、赵帛、孙文敏、蔡同华、吴福荣、施月珍等。他们以大安产物保险公司的职业为掩护,在大力发展业务的同时,遵照上海地下党的意图,从事革命活动,并为支持"保联"的各项活动,作出了重要贡献。

施展抱负

1946年,国立上海商学院(现为上海财经大学)经国民党政府教育部批准设置保险学系,学制四年,同年招收了首届保险专业本科生20余人。它是在抗日战争胜利后,中国为培养保险专业人才在高等院校建立的第一个保险学系。第一任系主任由训导长吴道坤兼任。1949年,国立上海商学院由上海市军管会接管，吴道坤以代院长身份办理移交手续后辞任，关可贵接替为第二任保险系主任。

出任系主任后，他求是务实，坚持科学的聘任原则，争取社会人才资源共享，聘请业界精英来讲授保险实务，组建了一支专兼结合超一流的师资队伍。这一时期，在上海商学院（上海财经学院）先后担任专职或兼职教授的就有：讲授保险学原理和保险法的王效文（开创中国保险业理论研究的开派宗师）、唐雄俊（海上保险）、姚达人（苏联保险制度）、金瑞麒（保险会计）、王槐声（保险会计）、李志贤（火灾保险实务）、林绳佑（火险基础）、樊兆鼎（人身险实务）、叶骏发（农业保险）、杨紫竹（防灾设施）、郭晓航（农业险实务）、周泰祚（公估学）、张月芳（助教）等。连当时中国人民保险公司华东区分公司的主要领导人林震峰也应邀到学院作兼职教授，讲解新民主主义保险课题（这种聘任业界师资理念和传统得以在后来的上海财经大学里传承，20世纪80年代以后上海保险界元老、资深保险史专家吴越、精算权威乌通元都应聘担任过兼职教授）。

这些教授以其精深的学术功底、理论与实务相结合的得天独厚的优势，大大提升了我国现代保险教育的学术理论底蕴和实务能力水平。由于上海是旧中国保险业的中心，精英辈出，人才济济，具有难以匹敌的办学优势，上海财经学院保险系群星荟萃，构筑起全国其他院校难以望其项背的学术高地。而且极大地便利了广大学员，既避免了保险学的教学与实际脱节，克服了学院的理论教材更新跟不上保险业务发展步伐的弊端，而且又无形中扩大了学院生源范围和影响力，可以把学生带入保险公司建立实务实验室，熟悉保险业务的实际运作过程，为学生毕业后谋职创造了机遇。

经历转系或中途退学，到1950年时学生只剩下10人。1950年5月27日，关先生为即将毕业的同学留言："'毕业，就是始业'，这句话包含两个意义：第一个意义，就是说我们在学校里做好了基本的准备工作，现在开始凭我们所学得的，为人民服务；第二个意义，就是说我们在学校里所学得的，是不够充实，现在就开始向大社会作实际的学习"，"现在各位同学是在上商毕业了，一方面要把各位所学得的，向人民大众作一种辉煌的和有用的贡献，好像蜜蜂把它劳力所得的，制造蜜糖出来；另一方面，各位参加到新民主主义社会建设阵营中去，要掌握批评，不断学习，这才能够把你们的力量坚强和壮大起来"。

到1951年秋季，第二届保险毕业生仅有3名。

美好时光不再

1951年起，全国院系调整，突出专业教育。受苏联财政金融体制的影响，保险系从1951年即停止招收新生，至1954年夏天最后一届在校学生毕业，保险系被撤销，全国停办保险，对保险教育事业的冲击很大。1958年院系调整，上海财政经济学院合并到上海社会科学院，属于关先生的保险美好时光不再，保险系引领全国的辉煌也不复存在。

1949年6月陆续复业的华商私营保险公司大都资力脆弱，承保力量有限，而对国外分保关系中断，直接影响业务的开展。上海军管会金融处对此十分重视，几经磋商筹划，1949年7月20日，成立上海民联分保交换处，集中办理华商私营保险公司分保业务，经办以火险为主的分保交换，不直接经营保险业务。关可贵出任"民联"研究室主任，并主编《防灾》杂志。

1958年院系调整，上海财政经济学院合并到上海社会科学院，关可贵任教授。1960年上海财经学院复校，关可贵继续回财政金融系任教授。

数日后，香港消防队和警察清理现场时发现，周少岐也在其中，且是被坍塌下来的墙壁砸死的。这宗惨剧让香港华洋各界震惊不已。

周少岐：传奇终结于天灾

周少岐

"世家大族"一词，在国人心中分量十足，尤其在千年之前，世家大族，甚至可以左右一国的兴衰。虽然经过千年的削弱，世家大族已经没有那么辉煌，但是，在一些特殊的时期和地方，仍然有着他们的身影。

鸦片战争之后的香港，除了英国人之外，在那个特殊的时代和环境下，便诞生了类似的家族。其中周少岐代表的周氏家族便是其中之一。

周少岐，广东东莞石龙人，1864年出生于香港，为香港四大名商之一。其父周永泰于1842年香港开埠后赴港经商。周永泰初到香港时以"筹办冠婚丧祭所用之器具"为生，1860年，稍有积蓄的周永泰与同乡林氏等凑了600两银，开设大成金铺，经营金银首饰、珠宝玉器，转兑侨汇，逐渐成香港老字号。经商期间，周永泰发现清朝远远落后于世界之林，并体会到，在中外商务等问题上，不会英文无法抓住机会。

1872年，周永泰将8岁的儿子周少岐送进一间英国教会小学接受西式教育，为其后考入中环大书馆做准备。这位石龙少年不负父望，几年后，便考入皇仁书院。

1883年，周少岐毕业时，正赶上港督轩尼诗起用华人出任定例局非官守议员。当时港英当局要求政府官员必须具备一定的中文能力，要通过中

现在的皇仁书院

2012年的香港皇仁书院150周年校庆邮票。

1903年，香港皇仁书院内学生考试的情形。

文考试，这给了精通中西文化的周少岐以用武之地。他应聘并顺利加入香港政府船务署，从19岁开始担任文牍书记，专门处理香港船务文件。

创办全安保险公司

清代广州每年洋船进出甚多，1805年首由英商在广州创办谏当保险行（Canton Insurance Society），承保外轮水险。以后外商所办保险公司陆续建立起来。

华人在香港创办保险公司，始于1871年5月1日成立的华商保安公司，总行设在香港，在国内各城市设有办事处。股本150万元（先收30万元），其宗旨是："把华商自己贸易的厚利收归己有，在公司股份之中，务欲华人居其大半。"另一家有影响的企业是1877年由何亚美、李升等买办和富商集资40万元创立的安泰保险公司，凡往来于香港与澳大利亚、美国、南洋及

萬安保險有限公司凴單

万安保险有限公司凭单

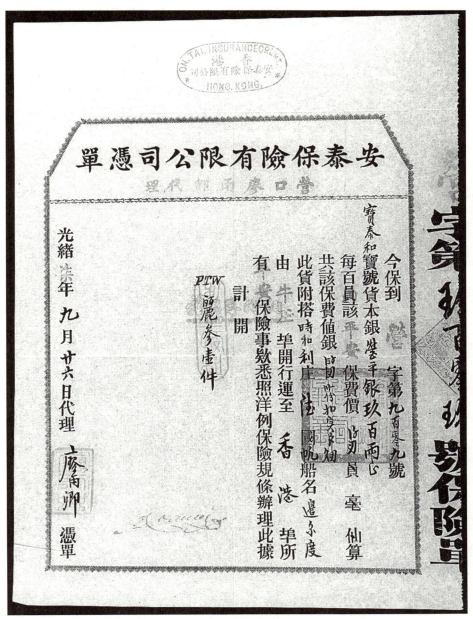

安泰保险有限公司凭单

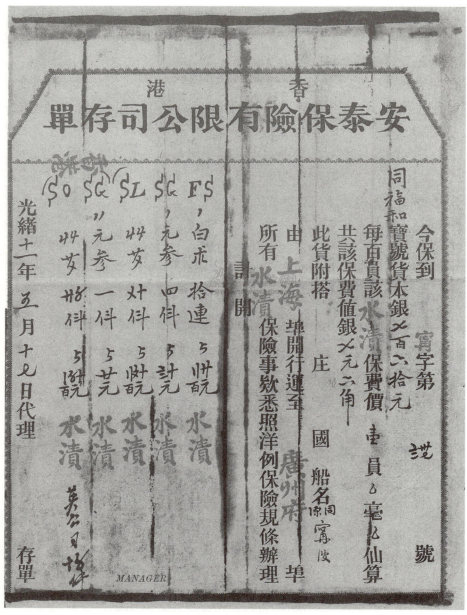

香港安泰保险有限公司存单

香港宜安洋面兼火烛保险有限公司股票

中国内地的船只，均可承保。这是 19 世纪下半叶华人闯入由外商所垄断的商业和金融业领域的重要一步，也是华商完全采用西方经营方式从事经营的重要事例。1881 年，安泰保险公司加入香港总商会，成为该商会中第一家华人会员。此后，香港华资保险业取得了迅速发展，一些较大的公司纷纷成立。

周少岐其实很早就敏锐地发现商业潮流，在有了一定的商业基础后，逐渐把重点转移到保险行业上来。

在船务署工作 8 年，周少岐对船务最为熟悉，积累了大量人脉，这为他后来创办元安、兆安两家轮船公司奠定了基础。随后，周少岐又出任万安保险公司司理。

万安保险公司约开创于 19 世纪 90 年代前期，有该公司广告为证。据光绪二十一年二月四日（1895 年 2 月 28 日）万安保险公司司理周少岐广告通知：本公司将定期召开股东会议。另据光绪三十三年六月二十五日（1907 年 8 月 3 日）万安保险公司司理周少岐广告："本公司实备资本银 100 万元，专保洋面轮船船只货物无意外之虞，开创十余年，办理悉臻妥善，久为中外所深信。兹由本年七月初二日（即 8 月 10 日）起在本港兼保火险，所有屋宇货舱家私货物均可受保。"

19 世纪末，周少岐鉴于当时香港治安不良，火警频繁，而外商的保险公司对华人投保多方刁难，所收保费昂贵。周少岐敏锐地抓住了这个市场上的空档，组织成立了全安保险公司，保货运水陆平安及屋宇火警等事宜。全安保险公司创办于 1895 年，当年 3 月 4 日，作为全安公司总司理的周少岐曾发布广告："本公司实备资本银六十万元，专保屋宇货舱家私货物无火烛之虞，所有保险章程仿照英例办理。卜吉本月十一日（即 3 月 7 日）开办。凡华商赐顾，专用华文保票，以便察核。"

在 19 世纪末 20 世纪初的《香港华字日报》广告中，频繁出现的华资保险公司还有不少，如义安、福安、宜安、济安、同安、普安、仁安、恒安等，所经营的业务大都是洋面火烛保险兼附揭汇兑按揭货仓等类。从华资企业初创的投入资本来看，周少岐所创办的保险公司还是颇具规模的。

周少岐自创办保险公司后，因见乡人在美洲、南洋经商或做工的甚多，侨胞每月赡养家庭，外汇不少，于是组织成立了泰益银号（即泰新银号的前身）。在华人经济圈中，香港银号势力雄厚，直至抗战前仍为本埠金融市场组织的中坚力量，其地位与上海的钱庄相似。

经营航运　质优价廉

广东依山面海，降水量丰富，河流众多，流量充沛。据民国初年调查，两广流域通船航程约5166公里，仅次于长江而居国内第二位。珠江干流、东北西三江及其支流，分布全省。特别是珠江三角洲，河流纵横，航线交织，水运成为运输贸易最重要的方式。

1843年，英国又强迫清政府签订《虎门条约》，准许洋商小帆船行驶于省港澳间，但洋商旋即违约将轮船驶入中国内河。1848年，英商小轮公司创立，从此省港间有了定期航班。19世纪50年代后，有不少外轮加入省港航线。19世纪70年代开始，华商机动船舶开始运行，主要行驶于省港及广州、佛山之间。1898年，清政府颁布《内港行船章程》，解除了对商民的禁令，出现创办小轮业的高潮。20世纪初的几年间，香港华资轮船公司逐渐增多，主要集中于以珠江口附近为中心的内河线，不过与外商轮船公司相比，华资轮船公司规模小，资本少，一般只有几艘船，甚至有的一艘轮船即为一家航业公司。

当时东莞土特产，经英商省港澳轮船公司运输外销，收费昂贵，而且货物也须等待分配。周少岐以此市场需求为契机，筹款购买轮船，先后成立了兆安、元安两家轮船公司。

1903年，元安轮船公司创立后，他从英国再购置轮船"广东"号，与"广西"号分别每日由省港对开一班。就当时而言，两家轮船公司的设备及服务均佳，且较早在省港航线上开辟了夜航，方便顾客。兆安、元安轮船

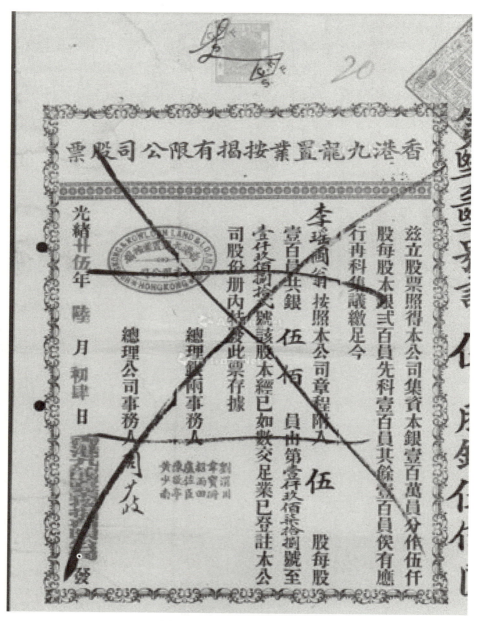

香港九龙置业按揭有限公司股票

公司在香港设有码头，但在广州没有码头，轮船只能泊于白鹅潭河面。由于两家公司的轮船收费较廉，故旅客不少。加之两家轮船公司的经营管理者多是东莞人，因此从广州运往香港的货物，以东莞特产的草席、草包及香料为多。

继"广东""广西"号较早在省港航线上开辟了夜航班次之后（直至民国初年，香港报纸上仍有两公司刊登的省港夜船的广告），1929年元安公司的"泉州"号轮船也开始了港澳间的夜航。

除了上述三大产业，周少岐还涉及置业按揭事业，创办香港九龙置业按揭有限公司，也进行股票经营。他是20世纪初香港股票市场上首屈一指的人物，在香港是金融、保险、航运业的巨擘。

1903年，年仅39岁的周少岐开始涉足政治，当年他被港督卜力提名，由英国皇室授予太平绅士，之后三度获任定例局议员。当时华洋关系紧张，定例局华人议员起了很重要的调解作用，尤其年富力强的周少岐是定例局数位华人中最年轻的，代表着新成长起来的华商，其作用便更显得重要。周少岐加入政界，成为其家族从政的开端，此后其后代不断有人从政，其家族成为香港政商界知名的四大家族之一。

传奇终结于天灾

从20世纪20年代起，周少岐逐渐退出他的商业帝国，公司大部分业务交由其子周埈年打理，自己则更为积极地投入社交和社会公益活动。

1925年5月27日，周少岐的一生在这一天被画上了句号。当日，香港遭受强台风袭击，狂风怒号，暴雨横袭，到处树拔屋毁。台风过后，整个香港一片狼藉，哀鸿遍野。尤其在半山区，发生了严重的山体滑坡，不少人家被山泥掩埋，其中便包含周少岐的住所。数日后，香港消防队和警察清理现场时发现，周少岐也在其中，是被坍塌下来的墙壁砸死的。这宗惨剧让香港华洋各界震惊不已。

据周家族谱记载，周少岐逝世的消息传出后，"政商界都为他感伤，学生们都停课了，老百姓在街头巷尾议论纷纷，不管亲疏贵贱，都为之感慨痛哭。"此后，周少岐及其遇难家人被送到其生前捐款开辟的香港华人永远坟场安葬，"送行的人达到万人空巷的规模，大家都知道周少岐生时慈善，所做公益波及人数众多……"

经商致富　服务社会

周少岐、周埈年、周锡年都曾担任香港定例局议员、太平绅士。周门一家，在香港多有作为，经商致富，热心服务社会。有多人曾担任香港定例局议员和华人代表，在当时是非常突出的。当时周氏家族在香港、澳门两地是无人不知、不人不晓的。除了周氏家族在香港政商的影响外，周少岐兄弟（弟弟周卓凡、周荫乔）在香港经营金融、保险、航运、医药等事业致富后，热心服务社会，积极投身社会公益事业，深得香港社会各界的尊敬和信赖。

周家兄弟在香港斥资成立周少岐义学、周荫乔义学、周卓凡义学，慎选师资，学生成就甚众。但凡粤省有天灾，周家兄弟都乐于捐款救济。尤其周少岐，每每有饥荒或经济不景气时，总是积极捐米粮赈灾。

周少岐富有善心，热心社会公益，常捐米粮赈荒，获清政府奖知府衔，晋援朝议大夫。1903年，他被委为香港太平绅士、定例局（立法局前身）议员，获选为东华三院主席。

1870年，由华人捐款资助兴建及营运的香东华医院，是香港开埠以来历史最悠久的三大医院之一，也是香港最早的华人慈善机构，收纳贫苦垂危的患病华人。因其董事俱为社会上举足轻重的名望绅商、华人领袖，该医院成立初期，还成为调节华人纠纷，沟通群众与政府的权力中心。周少岐就曾是该医院的董事，并两度获选为东华三院主席。

此外，周少岐还担任过香港大学、东义学校（香港东莞工商总会前

在东华医院成立30周年之际，周少岐赠送的清朝医药注水器。

身）、孔圣会学校董事，捐资创办少岐义学，资助平民子弟上学。其中东义学校就是1893年秋由周少岐、施鹄臣、何子贞等筹建的，其宗旨为联络乡谊、办理公益、办义学培育失学贫童等。

《石龙周氏家谱》载曰："我石龙周氏实为屋厦村桥梓头七世西岳公之后。"1901年，周少岐与周卓凡各捐一千白银，资助常平祖籍家乡，建桥梓学校。学校建少岐堂、卓凡堂纪念，其瓷像尚存。

其子周埈年、周锡年继承父亲事业，在香港经营金融、保险及航运等业，成为巨富。

1977年，全国外贸系统召开先进集体和个人代表大会，党和国家领导人邓小平、叶剑英等接见全体代表，叶伟膺代表贸促会海损理算处参加接见并合影。同时，接受外贸部蔡树藩副部长授予的奖旗。

叶伟膺：中国海损理算事业的见证人

叶伟膺

海损理算是一门特殊的业务。从事此项业务的人被称为海损理算师（average adjuster）。海损理算师又被称为海事理赔顾问，在海上运输中船舶发生意外事故时他们向船东及其他有关方提供处理意见，并在事后协助理赔，以使他们的损失可以最大限度地获得公平的赔偿。在中国，目前专业从事海损理算业务的人数并不是很多。

叶伟膺先生就是一位从事此种工作的佼佼者。叶伟膺，有着一级律师，研究员，高级海损理算师，中国海事仲裁委员会仲裁员，中国国际经济贸易仲裁委员会仲裁员，汕头仲裁委员会仲裁员，中国海商法协会理事及其争议处理程序委员会副主任，中华全律师协会海事海商业务委员会副主任，中国船级委员会委员等众多头衔，办案经验丰富，系中国海损理算、海事仲裁、海上保险和海商法方面的著名专家，在国内外享有较高的声誉。

叶伟膺是中国海事仲裁事业的创办人之一，从事中国涉外仲裁工作多年。作为中国海事仲裁委员会和中国国际经济贸易仲裁委员会的仲裁员，廉洁、公正、高效地审理了许多海事、经贸争议案件，成功地调解了有关

193

叶伟膺在希腊工作间歇时留影

方之间的纠纷，为促进国际航运、保险和贸易事业的发展并为中国的改革、开放作出了应有的贡献。

作为中国海损理算事业的创办人之一，他参与筹办、设立中国海损理算机构，使中国有了自己的能够承办海损理算案件的海损理算师。从此，中国船舶发生海损事故，不需要再委请外国人进行理算。

作为中国海损理算师，30多年来，他理算了许多海损案件，由他编制的理算书均为国际（包括香港和伦敦）航运界、保险界和贸易界所接受，工作取得了显著的社会效益和经济效益。

在30多年的时间里，叶伟膺作为律师接受国内和英国、美国、法国、澳大利亚、捷克、塞浦路斯、希腊、新加坡、印度尼西亚等国家以及中国香港和中国台湾地区客户的委托，承办和处理了许多重大涉外经济案件，加强了中国的法制建设，保证中国法律的正确实施，维护了中外当事人的合法权益。

年少苦读，踏上海损理算工作岗位

1938年，叶伟膺出生于广东普宁市南径镇林内村。林内村位于铁山之东，练江上游。村子周围绿水翠竹环绕，非常美丽。他的父亲是家乡民事纠纷的义务调解员，热心助村民平息矛盾，帮人打过官司。母亲辛勤养育六男二女，不仅非常能吃苦，而且勤劳善良，和蔼可亲，助人为乐。对此，叶伟膺称自己在仲裁中，也采用调解的方式解决海事和经贸争议，并当了律师，是"子承父业"。

1954—1960年，叶伟膺在普宁第四中学和第五中学读书，由于成绩优异，1960年秋他顺利考入华中师范学院（华中师范大学前身）外语系，学习英语。当时由于家境十分贫穷，连去学校报到的路费家里都凑不齐。不得已，他从一位亲友那儿借了50元，买了张火车票到武汉。

由于家境贫穷，兄妹又多，为了能够读书和生活，在四年的大学生活中，所有节假日他都在劳动，挑砖，割草，一天挣一元两角钱。因为没有钱，四年中他没有回过一次家。每到节日，他想家时就自己找个无人的地方偷偷哭一场。

但是艰苦的生活不但没有磨尽他的斗志，反而激发了他的上进心，叶伟膺日夜苦读。1964年中央外事单位招聘时，叶伟膺凭借十分突出的成绩被录用到中国国际贸易促进委员会法律部。从此他便与海事、经贸仲裁、海损理算和律师工作结下了不解之缘，踏上海损理算工作岗位，走上从事海商法和国际经贸法之路。

创办海损理算事业

叶伟膺到贸促会后，最初的工作是作为办案秘书参与仲裁工作，后来成为仲裁员，审理了不少海事和经贸案件。1966年以前，中国没有专门从事海损理算工作的机构，也缺乏这方面的专业人才。因此，当时中国的远洋船舶，包括租用的外轮发生共同海损事故，均由外国人进行理算。

为了适应中国航运、国际贸易和保险事业不断发展的需要，应交通部（包括中远公司）、外贸部（包括外运公司）和中国人民保险公司的要求，

1966年4月23日，中国国际贸易促进委员会决定设立海损理算处，刻制公章，受理和处理海损理算案件。高隼来和叶伟膺被指派到该处工作。

1969年1月8日，对外贸易部向国务院呈交了《关于在中国办理共同海损理算问题的报告》。

起步之初，理算工作遇到了许多难以想象的困难。首先，人员严重不足，业务水平亟待提高。叶伟膺在大学是学习英语的，毕业后数年，通过学习和总结办案经验，业务水平才有所提高，作为仲裁员审理海事和经贸案件。

理算处在筹建和设立初期，正值"文革"中，各个单位的正常业务几乎陷于停滞状况。特别是1969年，贸促会大批干部被下放到"五七干校"，留下来专门做理算工作的实际上仅有叶伟膺一人。

除理算工作外，他还要兼管商标代理、海事仲裁和外贸仲裁工作，实在是分身乏术。理算处在成立后的数年中，虽然也办理了几起单独海损案件，编制并发出了"海东"轮和"埃梯科斯"轮共同海损理算书。但是，要做好繁杂费时、工作量大、涉及面广、专业性强的理算工作是很困难的。

其次，缺少规程。不仅理算应遵循的原则不明确具体，而且未制定新的理算规则和法律。1969年1月8日外贸部呈交国务院的报告中仅提到："我们根据平等互利、公平合理的原则进行理算。"当时，有关部门的领导不同意共同海损参照国际上通用的《约克-安特卫普规则》的规定进行理算，而中国又没有自己的理算规则和法律可以作为理算的依据。在此情况下，理算工作举步维艰，案件严重积压。

就在这艰难的时刻，1971年任建新同志出任贸促会法律部部长，立即采取各项措施，花大力气，着手解决理算工作中存在的难题。他着手充实理算队伍，培训专业人员。从"五七干校"调回来一大批干部，此外，还聘请中国人民保险公司的王恩韶和周泰祚同志以及交通部的冯法祖总船长等几位专家当顾问。有了人员以后，接着便是对其进行培训。学习培训和调研情况的工作持续数年，大大提高了理算人员的业务水平，加快了办案的速度。

经过数年的办案实践，大家总结办案经验，并参照国际上普遍采用的1950年和1974年《约克-安特卫普规则》，制定《中国国际贸易促进委员会共同海损理算暂行规则》（以下简称《北京理算规则》），并于1975年1月1日经对外贸易部、外交部、交通部和财政部批准，正式对外公布。

促进海损理算事业发展

新中国成立初期，没有自己的海损理算机构，并且缺乏理算专业人才，船舶一旦发生海损事故，均由外国人理算。为了适应国家航运、海上保险和经贸事业不断发展的需要，从20世纪60年代中期开始，在做好仲裁的同时，叶伟膺开始参与筹建海损理算机构工作。1972年，他在接待英国著名的海损理算师 William Richards 的时候，开始谈及双方未来的合作事宜。

1982年初，叶伟膺取得律师资格，开始作为中国环球律师事务所的律师承办涉外经济案件。同年他远赴美国纽约哥伦比亚大学和海特律师事务所学习和工作。其间，他拜会了美国海损理算师协会秘书长毛观海先生，了解美国共同海损理算的做法。1983年回国后，他任中国国际贸易促进委员会海损理算处副处长；1984年任处长，并把《美国共同海损》（布格拉斯著）一书翻译成中文。

数十年来，他理算了许多重大共同海损案件，例如1968年，他参与理算了第一起共损案件——"海东"轮共同海损案。

1970年，他独自一人理算了第一起外国船东委请中国海损理算师理算的"埃梯科斯"轮共损案，该案损失人民币41万元，由船舶、货物和运费分摊，最终由伦敦保险协会、伦敦劳合社和6家外国保险公司摊付。

1974年，作为中国第一位出国办案的海损理算师，访问中东阿联酋、巴林、科威特、伊拉克和伊朗五国，处理"Pacific Klif"轮触礁共同海损

　　1987年10月，时任最高人民法院副院长的任建新（中）在北京接见贸促会部分领导和专家刘绍山（左四）、崔玉山（左三）、高隼来（左七）、唐厚志（左二）和叶伟膺（左一）。

案。该轮载货200多票，共损失人民币220万元，经理算后，由60多家保险公司分摊。

　　在北京设立海损理算机构，开展海损理算业务后，他又把目标瞄向香港市场。1985年7月15日，他带了不到2万美元的开办费，率先到香港同英国国际理霍公司合作，是中国第一位外派常驻办理海损理算业务的理算师。后来双方同意成立合作公司——德理有限公司，叶伟膺任副董事长。当他初到香港时，理算市场已被其他外国理算公司占领，外国理算师看不起中国人，认为中国的理算师无法与他们进行竞争，过不了多久，就得退出香港。在那一段时间里，他承受着巨大的压力，不分白天黑夜，没有节假日，一心扑在工作上，为航运和保险公司提供一条龙的服务。事故一旦发生，他立即介入，了解案情，调查研究，然后提出最合理和最经济的抢救措施。为各方减少损失，节省费用，他经常帮助联系救助船舶，审核和修改合同条款，起草各种文件，代船东宣布共同海损并向有关方收取担保，收集并审核理算所需的各种文件和账单，公平精准地计算出损失和各方应分摊的金额，然后编制成规范的理算书并同各方进行结算，使案件得以圆满解决。多年来，由他处理的案件和编制的海损理算书尚未发现出错，计算得出的金额一分不差。这使他在业内的威望越来越高，以至于由他理算并签字盖章的理算书，有些涉案方不经仔细审核，便按其理算书的结论付款。许多外国人都称赞他是一位工作勤劳的人（hardworking man）。天道酬勤，经过数年的艰苦拼搏，他们终于占领了香港的海损理算市场，第一年就赚了钱，更重要的是了解到世界各国的理算做法，提高了理算水平，使中国的做法与世界接轨，取得很好的经济效益和社会效益，成绩骄人。

1991年，叶伟膺出席在伦敦举行的英国海损理算师大会。

1991年11月，交通部和贸促会派叶伟膺参加代表团，出席联合国贸发会航运委员会国际航运立法工作组第十三届大会。当时会上分成两派。有些发展中国家主张取消共同海损分摊制度，但发达国家则认为现行制度可以不变。中国代表团发言，认为该制度不可能立即废除，但应当逐步改革和简化，这是世界海损理算工作的发展方向。中国代表团的意见得到与会代表的支持和较高的评价。

1994年，他作为中国代表出席在悉尼召开的国际海事委员会第三十五届大会，参与对国际上通行的海损理算规则《约克-安特卫普规则》的修改工作。

此外，他还运用所掌握的知识，帮助中国保险公司审核在国外编制的理算书。例如，1995年，"Acritas"轮自汉堡装载由中国保险公司承保的货物来华，开航不久，主机爆炸，船舶被迫拖往避难港修理。后由德国和英国的理算师联合理算，并要求我保险公司分摊30万美元。经他审核，发现在理算书所附的船舶检验报告中称："事故原因系开航前船员疏忽，未将主机损坏修复。"据此，他向外国理算师指出："船东未恪尽职责使船舶适航，货方拒绝分摊。"一份传真，成功拒赔30万美元。

同年，他还编制了"辽河"轮共同海损理算书。该轮自黄埔、香港和新加坡三港装载2000多票杂货，驶往西欧4个港口卸货，途中在直布罗陀海峡与一艘外轮碰撞，船体裂漏，被拖往避难港修理。经理算损失人民币400多万元，应由船舶保险人和400多家货物保险公司分摊，几乎全世界的主要保险公司都与该案有关并需摊付损失。

见证中国公司状告美国政府第一案

1981年4月9日，美国核潜艇"George Washington"号在浮出水面的操作过程中没有注意到日本货轮"尼肖丸"（Nissho Maru）就在它的上头，结果将该轮的船底板撕开了一个大洞，海水大量涌入舱内，致使"尼肖丸"很快沉没，船、货全部灭失，大部分船员伤亡。

事故发生后，核潜艇不仅没有停留在现场营救幸存的日本船员，而且过了35个小时才向有关方面报告此次海损事故。

这一消息在日本引起了轰动，朝野一片哗然，纷纷提出抗议，迫使美国海军部长小约翰·F.利曼在收到报告的当天，赶忙承认对此次事故负全部责任。美国政府于1981年11月赔偿了日本受害船员及其家属、船东和货主的全部损失共计210万美元。

"尼肖丸"船上还装有中国公司出口美国并由中国人民保险公司承保的货物，其中包括26箱有关发展中国德兴铜矿的技术资料，由于该轮沉没，全部损失，总损失高达338万美元。

为此，中国公司委托纽约海特律师事务所的鲍尔森（G.Paulsen）律师向美方索赔。当时叶伟膺刚好在该所学习，便协助鲍尔森律师进行该项索赔工作。

当时，中国公司向美国政府索赔遇到了许多困难，主要有如下两个方面：

一是有关证据的问题。美国核潜艇碰沉日本货轮"尼肖丸"，致使船、货全部灭失的事实，美国海军已经作了调查并承认核潜艇应对事故负全部责任，对此，不再需要提供任何证据材料加以证明。但是，我方需提供货物的相关材料，才能尽快成功地从责任方索回赔款。由于中国公司未能及时提供这方面的材料，其结果是：一方面，海特律师事务所的律师向美方索赔，缺乏充分的证据，处于被动的境地；另一方面，中国公司对其律师不能在短时间内索回赔款，也很有意见。

中国人民保险公司总经理宋国华和法律总顾问李嘉华同志在访问海特律师事务所时，就对此表示遗憾。鲍尔森律师和叶伟鹰向他们出示了全部卷宗材料，并作了必要的解释后，他们才意识到：索赔迟缓的责任不在美国海特律师事务所的律师，而是在国内有关单位和人员；在国外打官司，有一套严格的诉讼程序，尤其是证据特别重要。宋国华和李嘉华同志回到北京后，国内各相关单位便先后寄来了有关的货物买卖合同、发票、提单、装箱单、保险单和代位求偿书等证明材料，解决了索赔缺乏证据材料的难题。

二是有关法律障碍造成对于中国方面的索赔美国政府拒绝赔付。据称这是因为当时中国和美国法院之间没有法律"互惠"。根据美国法律，政府享有"豁免权"。美国"公用船舶法"第46部分第785条规定："除非向其提起诉讼的法院感到满意，认为外国政府允许美国公民在相似的情况下可以在其法院提起诉讼，该外国公民不能根据本法起诉。"为了促使美国政府尽快赔付，应中国人民保险公司的要求，中国国际贸易促进委员会法律顾问处于1982年1月20日出具了一份法律意见书，证明如果美国法院受理此案因美国核潜艇的过失遭受损失的中国有关方的起诉，中国人民法院也将受理美国受损方在相似情况下所提起的诉讼。但因为当时中国没有任何法律和案例予以支持，美国政府和法院对该法律意见书表示怀疑，仍然不给予赔偿。

1982年3月8日全国人民代表大会常务委员会通过了《中华人民共和国民事诉讼法（试行）》。该法第一百八十六条明确规定："外国人、无国籍人在人民法院起诉、应诉，同中华人民共和国公民有同等的诉讼权利和义务。外国企业和组织在人民法院起诉，应诉，依照本法规定享有诉讼权利，承担诉讼义务。"

该法对外公布的第二天上午，他们就从海特律师事务所拿到了英国广播公司的英文本，阅后十分高兴，认为此案如果向美国法院起诉，胜诉在望。鲍尔森律师和叶伟膺立即拜会了哥伦比亚大学法学院的爱德华教授，同他讨论了此案的有关问题。

1982年4月7日，受中国公司的委托，海特律师事务所的鲍尔森律师正式向美国联邦地区法院起诉。这是中华人民共和国成立以来，中国公司在美国法院对美国政府提起诉讼的第一起案件。

1982年7月9日，爱德华教授出具了一份证词，证明根据《中华人民共和国民事诉讼法（试行）》第一百八十六条的规定，美国"公用船舶法"中所称的法律"互惠"，在中美两国之间是存在的，美国公民可以在中国法院对中国政府的代表或者机构提起诉讼。在此情况下，美国政府于1982年10月25日同意赔偿中国人民保险公司和进出口公司因这次碰撞事故所遭受的全部损失。

至此，这起中国公司状告美国政府第一案终于画上了一个完美的句号。

专业精神服务大众

在叶伟膺的工作生涯中，还有几个令人印象深刻的案例。1995年，天津金达公司出口焦炭粉，买方拿来两份检验报告，声称货物质量不合格，索赔人民币200多万元。如果赔偿，金达公司将破产，职工将下岗。叶伟膺在阅读材料后，认为货到目的港，被拉到买方工厂加工，检验时现场仅有一小部分货物，其检验报告不能作为索赔的依据。结果在叶伟膺帮助下打赢了这场官司，挽救了一个企业。

2001年，有一家煤炭进出口公司，收到国外收货人的索赔函，不愿赔偿，但苦无良策。后经天津金达公司介绍，请叶伟膺帮他们打这场官司，还一再说是"慕名而来"。但叶伟膺阅读有关材料后，发现根据买卖合同，该案已在国外仲裁，卖方败诉，中国法院将依《纽约公约》执行外国裁决，卖方胜诉无望，就劝其同对方协商解决，不收取律师费。

2003年12月2日，"天利"轮自青岛装货开往广州，刚出港口便与美国"摩奇"轮相撞，严重裂漏而搁浅，后打捞局用了40多天的时间，先卸下货物并转运，再用拖轮拖带起浮，进行船舶修理。由于各方对救助报酬不能达成一致，遂提交仲裁。叶伟膺时任首席仲裁员，查清事实并考虑《海商法》《1989年国际救助公约》规定的确定救助报酬十大要素，裁决救助报酬为人民币1500万元，由获救各方按其财产的价值比例分担。

叶伟膺还经常为弱者义务提供法律援助。曾经有一职工，要求公司给他人民币3万元，便同意解除劳动合同。签订协议后，公司停发工资十年，并收回房子，他流落街头，受尽磨难。叶伟膺协助他维权，证明他确患有精神分裂症，所签协议无效。经仲裁、诉讼和谈判，维权成功，他住进原来的房子，补领十年工资和补报医疗费，总计金额约人民币200万元。

国强胆气足

以前，中国没有仲裁和理算机构，所有案件都需提交伦敦仲裁和理算。1985年，叶伟膺带了不到2万美元的开办费到香港开展业务，有些外国人看不起中国大陆人，以为不久叶伟膺就得返回北京，但是叶伟膺承受着巨大的压力，坚持了下来。

现在，随着国家综合国力的增强，案件多了，中国经贸仲裁和海事仲裁委员会的受案数量在世界的仲裁机构中已名列前茅，有时还居首位。海损理算案件也不少，中国律师在世界这个大舞台上，同样异常活跃，再也没有外国人敢看不起中国人了。对此，叶伟膺表示，在办案中，体会到国家综合国力越强大，胆气就越足，工作也会越好做，对工作也会充满信心和勇气！

著书立说　奉献后人

叶伟膺著作《海天搏击四十年——海商法文集》封面。

1995年7月，全国涉外船舶保险业务研讨会合影（第二排右三为叶伟膺）。

　　叶伟膺不仅仅在海损理算方面取得巨大成就，在学术领域，他也多有贡献。他曾主译美国《共同海损》一书，翻译《约克－安特卫普规则》，其译文在国内被普遍采用，还曾参与《中国海商法大词典》的编写工作并任分科主编。此外，他在《远洋运输》《海事审判》《仲裁与法律通讯》《中国海商法协会通讯》《中国商检》《海运季刊》等刊物上发表了许多篇有关海商法律和处理海损事故方面的文章，并应邀到香港保险协会、大连海事大学、上海海运学院、中国政法大学、中央财经大学、中国金融学院、上海海运学院、中国主要的航运公司、中国人民保险公司、中国平安保险公司、中国太平洋保险公司、中国外运公司、中国商检局和中国船级社等举办的培训班上讲演和授课，为中国普及共同海损和海商法知识以及培养专业人才作出了巨大的贡献。

　　叶伟膺曾作为国务院法制局和全国人大常委会法制工作委员会的特邀专家，参与《海商法》的起草和制定工作，是该法第十章的主要起草执笔人之一。在最后的专家会议上，他曾力主：

（1）制定《海商法》应参照《海牙规则》《维斯比规则》并吸收《汉堡规则》的一部分合理的内容，而不应该照搬《汉堡规则》的规定；

（2）《海商法》不宜取消承运人对船员管船过失的免责规定；

（3）承运人对迟延交货的责任应以其运费为限。

这三点为国务院和全国人大常委会有关领导对如何制定《海商法》提供了极有参考价值的意见，在已通过和实施的《中华人民共和国海商法》中，上述意见均已被采纳。

在联合国航运立法工作组第十三届大会、国际海事委员会第三十五届大会和"94·上海国际海商法研讨会"上，叶伟膺发表了关于改革现行国际保险和共同海损分摊制度的讲话和文章，提出许多富有见识的鲜明观点。同时，就改革保险制度和简化海损理算做法提出了一些具体的意见，得到大会主席、国际海事委员会主席和与会各国代表的高度评价。

附录一

广州长堤一带：
中国保险业源头的历史风范

2014 年 3 月 13 日《新快报》，记者 梁肇思 陈 文 何 姗

长堤光楼 省城风物

"省城风物"是一个关注广州历史文化的兴趣小组，致力于挖掘省城往事，包括工商百业、历史建筑、名人行迹、风俗民情等。"省城风物"注重学术上的实证方法，力图系统展示广州的辉煌往绩，唤醒沉睡的城市记忆。

1805 年，中国第一家保险公司谏当保安行（Canton Insurance Society）在十三行成立，鸦片战争后这个行业才推广到上海、天津等地。

广州：中国保险业发源地

1685 年，清政府开放海禁，特设广州为唯一的对外通商口岸，作为中国最早的通商口岸，广州成为中国保险业的发源地。

经过 100 多年的发展，广州以鸦片贸易为主的海运贸易越来越频繁，在运输过程中，船舶常常会遇到风浪、海盗，甚至战争的威胁，商人们迫切地需要现代保险业来分散和降低风险，于是，1801 年，在广州出现了第一个由外国人开设的暂时性保险联合体——临时承保协会，这是广州近现代保险业的发端。

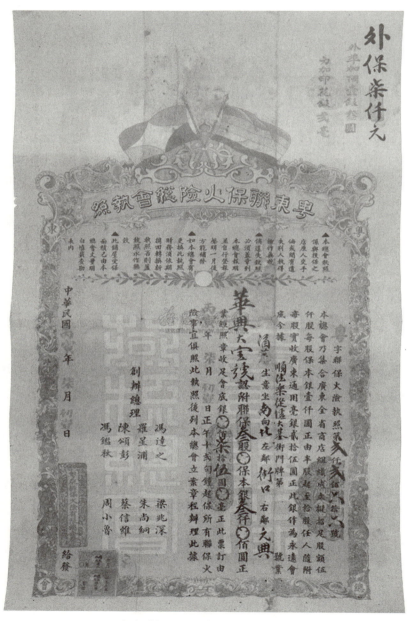

粤东联保火险总会认股书及保单

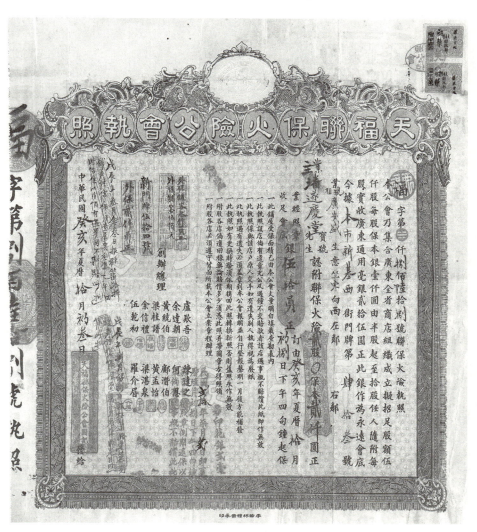

天福联保火险公会认股书及保单

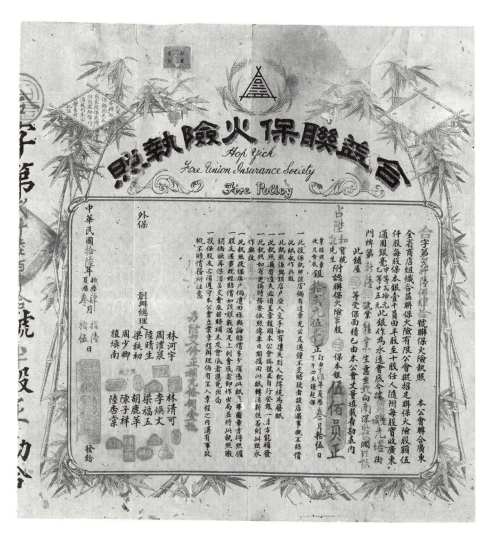

合益联保火险公会认股书及保单

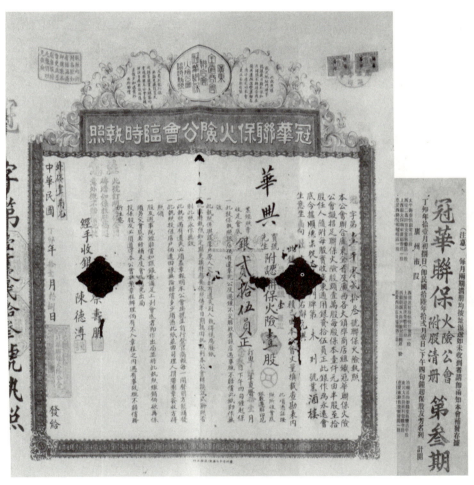

冠华联保火险公会认股书及保单

1805年，英国东印度公司鸦片部经理戴维森（W.S Davidson）在广州发起成立了广州保险会社（Canton Insurance Society），又称"谏当保安行"或"谏当水险行"。其股东有两家英商洋行。一家是宝顺洋行，另一家是怡和洋行，这是外商在中国最早开设的保险公司，也是在中国成立的第一家保险机构。但直到20世纪初，广州保险市场都在外商的控制之下。

19世纪中叶，保险公司集中西关一带

19世纪中叶，西方列强用武力打开了中国的大门。在这个过程中，西方先进的保险思想也传入中国，为创建中国的保险业作了理论准备。

广州昔日街道狭窄，铺房栉比，而所用建筑材料又多为砖瓦竹木，火灾时虞。当时不少外国公司纷纷组建火险公司。

清光绪三十一年（1905年），广州本地的米酒业商人首先组织联保火险，但保险标的仅限于店内的货物和家具，规定不收取保费，也不进行金钱赔偿，只派人参与灭火和抢救，不派人出动者重则罚款。

当时广州保险公司主要集中西关一带，包括在十三行、沙基及长堤一带。这一区域有不少粮油店、家具店、服装店、茶楼、酒馆、酱料铺、杂货店等，都是火灾发生较多的地方。

清光绪三十四年（1908年），广州沙基兴隆街、十三行一带联兴、酒馆酱料杂货商等群起效法，相继设立了长安火险公司、和乐联保火险公司以及远乐火险公司三家公司。这些公司虽规模较大，但范围仍小，于是互议将长安、和乐、远乐三家公司合并改组为冠球联保火险公司，扩大联保范围，联保规模才有所扩大。

民国二年（1913年）9月，羊城保险置业有限公司成立，资本100万港元，是广州较早的现代意义上的保险公司。

民国政府限制民族保险业

第一次世界大战期间，广州民族保险业发展较为迅速，平安、太平、永宁、天一等保险公司纷纷在广州设立分公司。但民族保险业非但没有受到当时广州政府的扶持与保护，反而遭到很多的限制。

面对华商保险公司的兴起，外商保险公司积极在广州政府中活动，中伤华商投资的保险公司，鼓动广州政府打击本土保险公司。1924年，广州政府认为冠球、全球联保公会"滥收会款""中饱私囊""以假置业之名进行投机"等，要解散火险联保公会，于是本土公司不得不抗议请愿。

广州政府后来决定，联保火险公会需按照公会底银数的20%向政府计缴保证金。投保人在投保后还须向警察局登记并缴费等。广州政府后又准备强行解散火险联保公会，但对外商的保险公司却放任自流。

1917年，参加广东华商保险公会的广州保险公司有13家，到了1934年达到61家，其中25家为相互保险性质的火险联保公会。

但广州保险业信誉也并不很好。一些外商保险公司经常以各种理由拒绝理赔，甚至逃之夭夭。1912年，西关昌源街发生大火，损失巨大，于是联保公司纷纷解散。过了一段时间，商人们重新集资重设公司。有些公司经常要赖，当客户要理赔时就卷款逃走。

发现经过：查阅光楼资料，发现保险业史

2013年9月，记者开始在长堤"扫街"，想看看金融街曾经有过一些什么金融机构。在原中山二院体检中心骑楼下，见到一位收破烂儿的阿姨守着一堆拆下来的旧式楼梯扶手铁构件，这引起了我们的注意。虽然事后医院方面证实这些构件并非民国之物，但查阅资料以后，发现这座建筑乃是历史上鼎鼎大名的"光楼"，是7家保险公司共用的办公楼，其中有友邦保险等知名企业。

循着这个线索，记者查阅了民国《保险年鉴》等资料，恍然发现：广州乃是中国保险业的发源地。1805年，中国第一家保险公司谏当保安行（Canton Insurance Society）在十三行成立，鸦片战争后这个行业才推广到上海、天津等地。

鸦片战争后，保险公司多将总部设在上海、香港，但广州却是保险分公司最多的城市，达到17家。

建议：系统灵活利用清末民国金融业遗存

清末民国时期，外资保险公司集中于沙面、六二三路，华资企业则主要分布在长堤、一德路、十三行一带。近代广州金融业并不只是银行唱独角戏，保险公司、银号、当铺、找换店等业态也有着广泛分布。广州要建设区域金融中心，不能仅仅新建摩天大楼，而要系统、完整保存清末民国金融业建筑，灵活利用，彰显广州作为近代中国金融业发源地的突出地位。

早期保险业的见证宜成片保留

专家视点

民国时期，广州保险公司在广州的这些建筑物只有两三个开间，反映出当时保险业的规模不大，也不很普及，但广州的保险业毕竟在国内是起步较早的，这些建筑物作为我国大陆早期保险业的见证，具有一定的历史价值。

这些建筑物虽然多数规模小，多为联排式建筑或为骑楼街的一部分，但其外立面装饰装修相当考究，带有西方折中主义的风格特点，至今保留比较完整，很值得作为历史建筑并与相邻的同时期建筑一起成片保护利用。

保险公司称燕梳公司

■易老师，60岁，翻译

听老人说，过去广州不像现在这样称这个保险公司，那个保险公司，那时称某某燕梳公司，如果说"保险"大家还不一定明白。

我是学法语的，也懂点英语。因为"保险"英语为"Insurance"，当时音译为"燕梳"，而这音译还是根据广州话翻译的，广州方言就把保险公司称为燕梳公司。

说到广州的保险业，有个很经典的故事不得不说。当时广州长堤东边有一家"广舞台戏院"，在广州很有名气，这是一家华侨投资的戏院，内有转动舞台，有2000多个座位，当时可是一流戏院，自然成为各保险公司争夺的对象。上面说到的那个英国的"边尔佛素火险燕梳公司"很有能力，说服了"广舞台戏院"老板邓亚善。这个老板也喜欢说大话，他说："只此'广舞台'三字也值得购买燕梳三万元。"

于是，邓老板就买了三万元火险。后来"广舞台"发生大火，只留下门口"广舞台"的招牌没有被烧毁。这个"火险燕梳"拒绝赔偿，说"你购买的是'广舞台'招牌保险，现在招牌没有烧呀，所以不能赔偿"。这成为近代广州保险业的一个大笑话、一出闹剧。

街坊回忆

十三行失火　保险公司卷款潜逃

■李阿伯　65岁（原西关居民，现住白云区）

我们素来对保险公司没有好印象。当时保费不算贵，但也不算便宜，一年二三十元大洋。抗战后，我阿爷和阿叔两兄弟在西关那边开过一个米铺，也买了保险。后来店子被偷了好多袋米，可保险公司就是不赔，说：

"你保的是店子，你家店子没被偷，还在呀，柜台、门板、桌椅也没被盗吧，我又没保你家大米不被偷。"我阿爷和兄弟又没太多文化，实在说不过他们，只好自认倒霉。

记得我阿爷还说过一件事，大概在1915年，广州发大水，十三行街一个商家避大水搬上二楼，又不慎失火，殃及附近好多店铺，还引起油箱爆炸，火势很猛。街上水深好几尺，又救不到火，真是水深火热，大火一连烧了铺户一两千间。这些店户大都购了火险。这些保险公司看到烧得这么厉害，要赔好多钱的哦，就一不做二不休，一夜之间卷款潜逃。

现场踏勘：保险业寄身骑楼街，联排楼保存完好

珠江北岸，车水马龙，江风习习的长堤大马路一带的民间金融街，溯源到清末民国时期，除了银行、银号、当铺等金融机构，其实还有外资、华资的保险公司。广州是中国保险业的发源地，而现时散落在靠近长堤一带的泰康路、长堤大马路、一德路、十三行路、六二三路一带的保险业公司遗存建筑，正是这段历史的重要见证。

清末民国时期，长堤一带金融业繁荣，西堤、太平南路（今人民南路）的进出口贸易发达。现存约8座保险公司的遗存建筑中，有最大的华资寿险公司华安合群保寿公司，在泰康路建起6层高摩登式建筑华安楼，作为它的"两广分公司"办公楼和公寓。华安楼、一德路464号、502~504号、长堤光楼都是保存完整的骑楼，而和平东路59号、70号中西合璧的老建筑也是保存完整的联排建筑。

这批遗存建筑中，泰康路华安楼空置，长堤光楼正在装修，是中山大学第二附属医院办公用房改造工程。

一德路、和平东路老建筑都是下面开铺，上面住人。附近的街坊也无一知晓广州保险业这段尘封的历史。

1. 长堤光楼中国福安保险公司广州分公司：和平东路59号，最早承保

香港福安保险兼货仓有限公司人寿保费收条

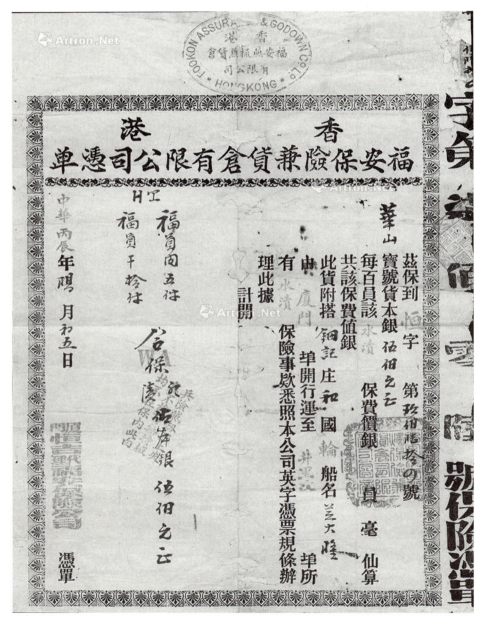

香港福安保险兼货仓有限公司凭单

寿险业务的华商保险公司

和平东路59号是一栋四层半联排建筑，二层、三层都有漂亮的弓形外飘式阳台。二层、三层阳台内还保留着红色满洲窗，最引人注目的是阳台上的圆拱窗。

1925年，中国福安保险公司广州分公司曾在此办公。

据《近代香港与内地华资联号研究》记载，1901年中国福安保险公司创立于香港，经营水火寿险兼仓库按揭业务。据称它是最早承保寿险业务的华商保险公司。1925年3月28日，广州分公司营业。广东革命政府对此非常重视，谭延闿、胡汉民等党政要人应聘为名誉董事，冯炳南、梁惠乔等社会名流及富商亦列为董事。

2. 仁济和水火保险公司粤局：一德路502~504号，打破外商垄断保险市场

这是一德路502~504号的四层骑楼老建筑，每一层阳台都有白色镂空的护栏，显得典雅古朴，但加建的第四层风格与下面三层风格迥异。一楼是出售机械、装饰的商铺，二楼以上住人。

这座楼是仁和水险公司和济和船栈保险局合并的"仁济和水火险公司粤局"的遗存建筑。仁和水险公司的发起人唐廷枢、徐润，亦是中国第一家华资保险公司"保险招商局"的发起者。

据《广东省金融志》记载，1913年，仁济和水火险公司粤局（广州分公司）成立，后在一德路502~504号大楼办公。

"仁济和水火险公司的实力很雄厚，资本达到100万两，打破了当时外商对保险市场的垄断，降低了保险费率。"省城风物成员陈晓平说道，"但'仁济和'一直受制于官办的轮船招商局，发展受到极大限制。"

据《中国保险史》记载，1938年后，仁济和保险公司的名字就从保险业调查材料名单上消失了。

长堤光楼：长堤大马路潮音街1号，最多7家保险公司在此办公

　　位于长堤大马路潮音街1号的光楼，是一栋高五层的西式风格骑楼。"光楼三面临街，与常见的只有一面临街的骑楼大不相同，三个立面的装饰都很考究，柱式、门窗、灰塑图案和线脚等精致典雅。"华南理工大学建筑学院郑力鹏教授说，"第五层其实是加建的，民国时期常见此类加层的做法，但该建筑的加层设计很重视艺术性，不仅在造型和装饰装修方面一丝不苟，还着意与第二层的风格相呼应。"

　　据《广东省金融志》《广东文史资料存稿精编第8辑》等资料记载，光楼在1929年至1949年间，曾有泰山保险公司华南区分公司、美亚保险公司、友邦人寿保险公司、福泰水火保险公司、英商圣德里保险分公司等7家保险公司在此办公。

　　（据《广州志·金融志》《广州文史资料第8辑》《广州文史资料第44辑》《广州的金融业、商业和旅游业》《广州解放前的保险业》《广东史志》1999年第3期、《中国近代保险业述略》《中国保险业发展史》等）

附录二

先施保险曾落户石岐

20世纪初，香山人一提到先施公司，总是流露出无比骄傲自豪的神情。这全缘于饮誉沪粤澳，乃至英伦、日本、新加坡的先施公司创始人马应彪（香山人）。先施百年奋斗，结成璀璨成果，震撼中华大地，映照家乡。

1900年，先施公司（总行）在香港创立，继而成立先施保险置业公司、先施人寿保险公司、先施化妆品厂3个联营机构。

1923年，先施人寿保险公司在香港成立，继上海、天津、广州成立分行之后，石岐分行也随之挂牌营业，揭开香山保险业的第一页。

先施人寿保险公司石岐分公司坐落于石岐孙文西路马巷口，它是一座方柱钢筋水泥结构的三层骑楼楼房，经营业务主要是人寿保险，还兼营银行信托中的抵押放款、执行遗嘱、公共信托等业务，营业宗旨是储蓄保寿，经营范围是香山境内城镇乡村。

香山（中山）是岭南地区文化之乡、华侨之乡，一向被誉为人杰地灵，但当年已盛行于欧美各国的人寿保险，对于香山人来说，简直闻所未闻，总认为这是有钱洋人的玩意，香山城乡多少人还未得温饱，哪里有钱买人寿保险。生死有命，富贵在天，何须保险！

当年辉煌门面的石岐先施人寿保险公司装饰讲究，工作人员统一着装，服务热情，橱窗陈列的保险业务细则详尽，但入保险公司大门看文字宣传资料、询问买保险手续的少，真正填表办理的更是深思熟虑之人。当年曾在该公司打过工的石岐人回忆，石岐先施人寿保险公司，一方面在石

　　由中山民俗画家邓振铃创作的《老行业》组画，重现了孙文西路（旧称"十八间"）及中山早期商业的盛况。在图中，画家再现了当年门面辉煌的石岐先施保险公司（资料来源：《中山商》2009年3月21日，A8版，图/邓振铃）。

先施人壽保險有限公司
資產負債對照表
截至一九三二年十二月卅一日止

資 產 額		負 債 額	
現　　　欵	3,802.11	股　本	697,210.00
代理來往	6,759.84	未領墊付下期股息	4,594.65
銀行存款	517,275.69	零星欠項	12,644.68
零星債項	26,065.38	股份物業抵押預備金	22,759.97
未到護欵	1,192.31	未付息項	54.87
保壽單抵押	96,629.32	本年墊付下期股息	44,621.44
本港物業抵押	121,417.60	保險準備金	
股票抵押	109,462.60		
息項及股息	20,383.41		
產　　　業	613,672.09		
附占各號股份	181,463.27		
上海保險公會保證金	9,140.00		
保舘裝修	8,943.49		
文房印件	1,690.25		
士　　　担	21.75		
統　計	1,717,938.11	統　計	1,717,938.11

政府核數員被新士蔑佯及富林明
Percy Smith, Seth & Fleming, Auditors.

有效保額（一九三二年底止） $5,695,690.

先施人寿保险有限公司资产负债对照表

岐出版的报纸登载本公司经营人寿保险的口号是储蓄保寿，同时介绍经营业务的范围、办理手续等；另一方面，又派人接触归侨、侨属和工商业人士，向他们宣传。自香港先施总公司成立以来，我国多个沿海城市已先后成立了分公司，人寿保险业务从冷到热，蓬勃发展。由于宣传对口，石岐又毗邻省港澳，受大城市的影响，基于文化因素和侨情商情的原因，人寿保险这个新鲜事物逐渐被中山人接受，尤其是从海外回来探亲的侨胞，住在城区的港澳家属和工商业者，不少人不约而同进入石岐先施保险公司办理人寿保险。

先施人寿保险公司自成立之日起便迎来与外国保险业抗衡的局面、尤

223

其香港总公司方面，年轻的先施人寿保险，无论资历和经营经验，都不是外商同行的对手，然而由中国人掌管的先施人寿保险公司，就是靠自身在人力和物力以及信誉诸方面的优势，在香港站住了脚，经受住了20世纪20年代中期所遭遇几次工潮的冲击，公司得力的管理层力挽狂澜，又得到国人的支持，不出三五载，业务有所上升，直接促进了国内几个分公司的发展。以石岐分公司为例，其增设了水火保险和公私储蓄业务，正好迎合了当时中山工商业迭起的趋势，也为日后保险业在中山成长发展打下了基础。当年出入马巷旁边先施人寿保险分公司的社会各阶层人士，除了侨胞、侨属、工商业者之外，还有城乡的自由职业者、政府人员和来自乡村的殷实人家，业务不断拓展。中山人对先施人寿保险、水火保险和公私储蓄的信心加强了，买保险的各阶层人士越来越多，尤其那些受益的人家，深切体会到保险完全可以维护入保人的经济利益，既无风险，又有保障。

1940年春，中山沦陷，日军占领石岐，实行法西斯统治，社会动荡，民不聊生，百业萧条，工商业创伤极大，有的倒闭，有的逃离，石岐先施人寿保险分公司，继广州等分公司结业之后也结束业务。维艰十几年的业果横遭祸害，个中细节，在此也无须端详。

（资料来源：《中山商报》2009年3月21日，第1306期A8版）

附录三

良都文化公园奠基暨先施路、永安路、南源路路名启用仪式隆重举行

　　为进一步弘扬孙中山精神，打造侨乡南区文化品牌，结合全市"孙中山文化周"的工作部署以及南区"文化盛区"的发展思路，我区策划实施了"孙中山文化周"南区系列文化活动。2009年11月13日上午，系列活动之中山良都文化公园奠基暨先施路、永安路、南源路路名启用仪式在我区办事处侧隆重举行。市领导，市民政局、社科联、文联、外事侨务局、财政局、建设局、文广新局、旅游局、孙中山研究会等部门负责人，南区党政班子全体成员，先施马氏和永安郭氏家族代表等侨亲和南区广大干部群众共同见证了这一盛事。

　　市委常委、市纪委书记李君能在讲话中认为：以良都人为代表的香山人创造了四大百货的商业传奇，在中国商业史上留下了浓墨重彩。通过南区看到了中山文化建设的缩影，希望广大侨胞和社会各界继续支持文化名城、文化南区建设，共同建设美好家园，为建设"三个适宜"和谐中山作出应有的贡献！

　　永安公司、南区商会及其会员单位对系列文化活动给予了大力支持。区党工委书记袁永康代表区党工委、办事处向永安公司代表郭志舜和南区商会代表吕志宏分别赠送了纪念品。

　　区办事处主任张珂在欢迎词中简要地介绍了南区文化建设取得的成绩，对先施、永安两大百货在中国百货业历史上的地位给予了高度评价，希望通过具有南区文化特色的良都文化公园和以先施、永安、南源命名的

道路，营造浓厚的文化氛围，提升南区的文化软实力，实现经济发展和文化建设的良性互动。

中山永安花园房地产有限公司、永安酒店（中山）有限公司、文笔山大风车（中山）旅游发展有限公司董事长郭志舜，香港先施人寿保险有限公司总经理、先施百货（中国）有限公司董事马健启分别代表永安郭氏家族和先施马氏家族致辞。郭志舜先生对永安公司在故乡南区的投资项目——永安新城、永安皇冠假日酒店、永安商城及文笔山大风车的进展情况进行了介绍；马健启先生则对先施公司的发展历程进行了全程回顾。两位均对家乡政府以公司名命名道路的做法表示感激，憧憬中山、南区的明天更加美好！

市委常委、市纪委书记李君能，市民政局局长韩锡江，区党工委书记袁永康、办事处主任张珂，先施代表马健启、马恩明及永安代表郭志燊、郭志舜为先施路、永安路、南源路路名揭牌。

（资料来源：中山市南区政府　　发布日期：2009年11月20日。有删减）

226

附录四

龙城金融保险"民国往事"待开启
保险公司职员合影老照片寻找知情人

郑先生展示在旧货市场发现的民国时期保险公司职员合影（《南国今报》记者刘山摄）。

近日，柳州藏友郑先生带着一张民国时期老照片找到本报记者，希望通过本报寻找到照片历史的知情人。这张摄于民国三十六年（1947年）的老照片背后，可能隐藏着柳州解放前金融保险业的一段往事。

在旧货市场发现老照片

照片是郑先生最近在柳州旧货市场发现的，这是一张14人合影照片。

227

郑先生长期收集、整理地方老照片资料，他仔细辨认这张照片上出现的各种文字信息后认定，照片的拍摄地点就在柳州。

老照片的边角略为破损，虽然纸张已经泛黄，但清晰度颇高。照片中仅有的一名女士身着旗袍，穿黑色皮鞋，卷发披肩，打扮颇为入时。其他13名男士均为中青年人，服饰、发型都带着明显的年代特征。

合影者身后房屋是典型的岭南两广建筑样式，装着高大的推笼门。门上方和边墙可见"中国银行"几个大字，大门旁挂着的一块牌匾上，可以清晰辨出"中国产物保险有限股份公司柳州分经理处"字样。

"柳处同人欢送陈君宗宽离柳合摄纪念三十六年五月五日艺联摄"，郑先生分析照片顶端这行繁体题字认为，这是当年设在柳州的"中国产物保险有限股份公司柳州分经理处"职员的合影。

郑先生还注意到，这张老照片后排右一的人像上，有人用红色铅笔标注了一个箭头，并留下"806吴大有"几个字迹陈旧的潦草字。

查"金融志"找线索未果

照片中所注"中国产物保险有限股份公司柳州分经理处"是个什么样的机构？与中国银行有着怎样的关联？机构地址设在当年柳州哪条街巷？昨日，记者与郑先生带着各种疑问，来到柳州市档案馆。

在柳州市档案馆长期从事地方档案管理工作的吴爱玲介绍说，柳州馆藏民国时期档案资料严重缺失，现存档案少有与新中国成立前柳州保险业相关的记录。

记者查阅《柳州金融志》，看到其中关于柳州保险史是从1950年4月中国人民保险公司广西分公司在柳成立保险支公司开始记叙，从中未能查到新中国成立前柳州保险业的相关文字。柳州市档案馆藏柳州解放初期军管会接管单位名录中，也未能找到"中国产物保险有限股份公司柳州分经理处"这一机构。

另根据柳州地方史志，新中国成立前柳州中国银行地址设在维雍东路66号（现今公园路路段），并在中山东路和鱼峰路设有办事处。这三处地址中的一处，很有可能就是这张老照片的拍摄地点。

一段"民国往事"等待开启

在柳州市档案馆所查找的档案资料暂未发现线索，记者通过网络，找到一份题为《解放前上海的保险公司》的保险业史文字资料，其中对"中国产物保险有限股份公司"有所提及。

这份资料上说，中国银行在民国二十年（1931年）11月1日独家投资创办了中国保险公司，总公司设在上海，经营各种产物保险和人寿保险业务。中国保险公司委托中国银行各地分支机构代理业务，遍布各大城市85处。

资料提到，民国三十三年（1944年）12月27日，中国保险公司更名为中国产物保险有限股份公司。这一名称与郑先生发现的老照片中的机构名称相吻合。郑先生推断，如果网上资料来源可靠，照片中的人物，应当就是当年这一保险公司在柳州分支机构的职员。

柳州地方史研究专家陈铁生向记者介绍，我国保险事业在新中国成立前就已有所发展，当时柳州肯定有外地保险公司设立的分支机构。陈说，由于文字记录较少，当年柳州金融界如何买卖保险的历史往事，如今已鲜为人知。

记者得知，郑先生发现这张"保险公司职员照"的同时，还找到两张拍摄于20世纪50年代的柳州市联社支部全体团员合影及柳州市贸易公司战友合影。这三张照片原持有者应为同一人，郑先生认为寻找到老照片的原主人，或许能找到有关线索。

（资料来源：2013年9月4日《南国今报》，记者　刘　山　通讯员　新　思）

附录五

深深地怀念沈日昌先生

沈日昌先生及其夫人江黛茜

　　曾长期担任香港民安保险公司总经理的沈日昌先生2009年1月在香港辞世。听到这个消息我很难过，痛感失去了一位好兄长、好老师和好朋友。时光流逝，我对沈总的思念却逐日增加，总是日日萦怀于胸，感到应该把我和沈总的交往写出来，告诉我熟悉和不熟悉的人们。这既是对他的深切怀念，于我也是一种责任。

　　我曾在香港民安保险公司工作了9年，9年里和沈日昌总经理朝夕相处。沈总虽年长我12岁，但和他相处一点儿也感受不到年龄的隔阂。沈总有一种特殊的魅力，使人信赖他、亲近他。

　　沈总是上海人，出生于1918年，在上海接受教育，1947年从上海到香港筹办保险公司，1949年10月1日在香港注册成立了香港民安保险有限公司，他任第一任经理。民安公司具有中资背景，民安公司比中国人民保险公司的成立还早 20 天。中国人民保险公司成立后，民安就成为第一家在中国人保旗帜下的公司，他一干就是 50 多年。1975 年我到香港的时候，沈总就是民安公司的总经理，他在民安公司工作了整整半个世纪，把毕生精力献给了民安，献给了我们在香港的保险事业。

沈总是一位保险专家、大公司领导人，运筹资金数以千万计，调度很有魄力。但是在民安公司的运营中，他又总是从小处着眼，是一个非常注意节约的人。他有一辆专用车，他家住九龙，每天上班必须过海，乘坐汽车上班，要付过海隧道费，来回 20 港元。沈总觉得这笔开支是可以节约的。他每天要司机开车把他送到渡海码头，然后就下车坐渡轮来到香港中区上班。每天下班也是坐轮渡过海。

沈总在香港金融界和工商界的朋友很多，民安公司的对外交往和社会应酬也相当频繁，然而在晚上应酬之后，他总是首先为他人安排车辆，而他自己最后坐地铁回家，几十年来都是如此。

在香港工作期间，我去过他家做客。那时他家住在九龙金马伦道一个单元房内，住房很普通，也就是两房一厅，厅的中间有一个屏风，一边会客，另一边吃饭。受到了他的感染，我们几个从内地去港工作的管理人员用车也都注意节约，经常是 4 个人合用一辆车，上下班的时候相互等一下，很快就习以为常了。

沈总对我们这些来自内地的公司管理层干部非常关心，经常请我们吃饭，叙叙家常。这笔餐费，他从来不要公司报销，都是自己掏腰包的。

交通银行香港分行总经理程慕浩老先生是民安公司的老董事，他年纪渐高，不再出席民安的董事会。一到春节，沈总就买火腿、红酒等年货，要我陪同登门，他亲自送上这些礼品，向程老拜年。这里包含着他与老董事、老朋友之间很深的感情。我看在眼里，心里是很受感动的。

内地进入了改革开放年代以后，我们在香港的公司肩负起更多发展经济的责任，研究准备创建"新世纪证券投资公司"。按照香港的法律，成立这样一个新公司必须有一位持牌人，承担无限责任。谁来当持牌人？大家

　　想到了沈日昌和他的夫人，大家认为沈太是一个适合的人，她是广东人，早年在卢绪章领导的公司里工作过。我们就此事和沈总商量，他表示支持。结果沈太顺利地拿到了营业执照，这是1980年的事。从此，沈太就天天上班了。但是，她虽然全力投入工作，却谢绝领取工资，到年底我们向她开出的薪金支票也被退了回来。她表示，她投入工作是在尽一种义务。这家证券公司一直运行到了今天，成为集团公司的重要成员。

　　此后，我们在香港的业务发展了，又成立了中国再保险公司，我任第一任总经理。当时新成立的公司缺乏业务骨干，就要求集团内各个公司支持。沈总给予了很大支持，他说，只要对国家有利，抽调再优秀的人才他也愿意。

　　沈总担任总经理期间，制定了公司内部严格的管理制度。他对营业时间管理非常严格，公司职员在办公时间不允许看报纸、聊天。他总是利用每周一的晚上召开行政例会，安排工作。每次会议他都亲自主持，一方面充分发扬民主，鼓励同事们发言，请他们多谈对公司发展有益的创见。另一方面，他又很强调发言要紧扣主题，解决问题。

　　沈总很重视考勤，认为在对职工考核的诸多项目中，考勤是最基本最重要的。他有一个基本的理念，就是认为营业时间就是金钱，而且是重要的限制性资源。他总是说，人才不足还可以招聘，但是时间是买不来的。

　　在企业管理上，沈总很重视组织开展对外活动。他认为公司效益要通过公司职员的共同努力，对外开拓。经过沈总多年的培养，民安有一支很强的外勤队伍，他们直接联系大批的保险客户和保险代理人，并且通过以客化客和开拓新路的方式，开辟新的保险资源。

　　在严格管理的同时，他对公司职工非常关心。我发现，民安公司的职工下班之后马上回家的很少，大多数人坚持业余学习英文、财务管理和金融知识。沈总提倡并支持员工这样做，只要员工参加业余学习，考试及格，所学的内容对工作有好处，公司即给予报销学费的80%。

　　沈总的一生是勤奋工作的一生。他严于律己，宽厚待人。沈总没有儿女，他辞世后家中也没有留下多少财产。他留下的是高尚的品德。我自香港回内地工作已经20年了，一直和他保持着密切的联系，分别时间久了就非常想念他。他是一个毕生都在付出的人，受到他最多关爱的则是他的保险事业，还有和他一起工作过的同事与朋友。沈总把他全部的热爱都献给了民安公司。一想起他，我就认为，他是我一生的老师，我永远怀念他。

（资料来源：凤凰网财经，2009年9月9日，文/秦道夫）

附录六

重温民安创业史

新中国保险业半个多世纪的发展历程，凝聚了几代保险人的心血。他们在艰苦的条件下创业，为民族保险业的发展奉献了毕生精力，沉淀了优秀的精神和优良的传统，这些都是我们民族保险业宝贵的财富。

改革开放以来，特别是十六大以来，中国保险业取得了令人瞩目的成就。当前，中国保险业又站在了一个新的起点上，《国务院关于保险业改革发展的若干意见》（国发〔2006〕23号，以下简称《若干意见》）的颁布，给中国保险业带来了难得的历史性发展机遇。如何抓住机遇，又快又好做大做强中国保险业，是摆在新一代保险人面前的历史性任务。中国保监会吴定富主席指出，诚信和创新是中国保险业的两个基本点，要结合中国实际，符合中国特点，发扬中国优良传统文化。也只有继承和发扬优良传统，结合新形势，创新进取，才能再创新辉煌。

成立于1931年的中国保险集团以及1949年成立的民安保险，正是中国保险业几十年发展的一个缩影。在当前历史性机遇面前，为深入贯彻落实《若干意见》，实现跨越式发展，11月17日，中国保险集团于民安中国完成改制及广东分公司顺利开业之际，邀请在中国保险集团和民安保险工作过的老领导、老前辈，举办了一场座谈会，重温创业史，倡导民安精神，弘扬优良传统，激励新一代中保人，为又快又好做大做强中国保险业作出新的贡献。

冯晓增（中国保险集团董事长）：

今天的座谈会，一方面是向中国金融界、保险界的老前辈们汇报一下民安保险和中国保险集团目前的发展情况；另一方面也是一个教育活动。老前辈们都是历史的见证人，把您请来，讲讲历史，目的是激励现在的接班人继承老一辈们打下的事业基础，再接再厉，开创事业新的篇章。

中国保险集团是中国保险业历史最悠久的公司，它的前身是1931年在上海诞生的中国保险股份有限公司。75年的发展历程见证了中国民族保险业所走过的每一步。目前，中国保险集团作为一家金融保险控股集团，也是唯一一家总部设在香港的中资保险企业，已发展成为业务种类较齐全，机构网络分布较广的国际性金融保险集团之一。业务范围除各种保险业务外，还涉足企业年金、资产管理、实业投资、证券经纪、财务融资、基金管理等领域；属下机构遍及中国内地、港澳、新加坡、日本、印度尼西亚、英国、荷兰、新西兰等国家和地区，并创造了多个中国保险业的第一：拥有第一家在境外上市的中资保险企业——中保国际控股有限公司；第一家获得国际评级的境内中资保险企业——太平人寿保险有限公司；第一家获得国际A-评级的中资保险企业——中国国际再保险有限公司。目前，中国保险集团总体经营形势向好。到今年9月底，集团实现利润同比增长9.9亿元人民币，大大超过年初的预期。中保国际的股价从去年最低时的2.45港元，到今天已经超过了8港元，市值超过100亿港元。

在中国保监会的指导下，特别是《若干意见》颁布后，我们根据新的精神，对集团2006—2010年五年计划进行了调整。最后定的盘子是到2010年，中保集团管理总资产争取突破2000亿元。现在，中保集团的总资产是460余亿元，这个跨越比较大。正是在这种情况下，我们更需要继承并发扬老前辈艰苦创业的优良传统，开拓创新。

郑国屏（香港民安保险有限公司总经理）：

香港民安保险有限公司（以下简称香港民安）发展到现在经历了四个阶段：

第一阶段，艰苦创业的时期。香港民安1949年10月1日在香港成立，创始人是不久前刚刚去世的沈日昌老先生。创业阶段条件很差，但大家克服困难，团结一致发展企业。1990年至1997年，是香港民安经营的高峰期。1992年至1995年，公司承保盈利每年都保持在1亿港元以上。

第二阶段，经营受挫，走入困局。1998年开始，香港民安经营陷入低谷。分析原因，一方面是受宏观经济形势（亚洲金融风暴）的影响，另一方面，高风险业务（如建筑劳工险等）赔付的高峰期出现。

第三阶段，战略重组，战胜困难。2000年，香港民安、太平港分、中保港分三家公司进行战略重组，合并为一家公司，就是今天的香港民安。经过5年的努力，香港民安终于走出了困境，连续3年取得盈利，再一次成为香港保险市场名列前茅的非寿险公司，中国保险集团在港澳地区的旗舰企业。截至2005年底，香港民安注册资本为20亿港元，总资产值达52.65亿港元。

第四阶段，创新发展，再创辉煌。今年是中国保险集团第二个五年计划的开局之年，集团提出了跨越式发展的总体要求，进一步明确了民安在集团整体架构中的战略地位。分为两个部分：香港民安要作为集团在港澳产险业务的区域中心，同时也是集团境外保险业务的主要力量；民安保险（中国）有限公司（以下简称民安中国）要成为集团境内产险业务的生力军，集团跨越式发展新的增长点，技术密集型的专业承保公司。

马永伟（全国政协常委、中国保险监督管理委员会原主席）：

回顾中保集团、民安保险发展的光辉历程，不由得想起为中保集团奋斗的老同志们。在香港那么艰苦、那么曲折的情况下，艰苦创业，把民安和中保集团的事业发展到今天，非常不容易。这两个公司，每前进一步，都凝聚了老同志们的心血和辛勤的劳动。尽管前进的道路中有曲折、有困难，但是大家还是走过来了。中保集团和民安没忘记奋斗了一生的老同志，今天能把老同志们请来，体现了企业文化的精髓。如果保险企业都有这种文化的精髓、这种品格，我觉得会大有前途。

民安保险从1949年在香港成立，到现在已经57年了，变化很大：由小到大，由弱变强。这些都是物质的，我觉得，更重要、更可贵的是民安精神、民安的传统保持下来了。我把民安的精神总结为四个字：艰苦创业。没有不断的艰苦创业，不断的爬坡，不断的攀登，民安就没有今天。民安年轻的同志们一定不要丢掉这个传统。

民安中国现在按照中资公司对待，到中国内地发展，我觉得这个政策很好，保监会给民安这个政策很明智。政策有了，能不能落实好这个政策，要看民安同志们自己的努力，未来的路还很长。广东是经济发达的省份，经济规模和保费规模在全国都位居前列。在这里开分公司，你们代表的是中国保险集团和民安保险，担子很重。预祝民安中国广东分公司起好步、开好局，在广东这个改革开放的窗口造一个民安的品牌、树一种民安的新风。

吴小平（中国人保及中国再保险集团监事会主席，中国保险监督管理委员会原副主席、中国人民保险公司港澳管理处副主任）：

民安改制完成，在广东设立第一家分公司，是民安发展的重要起点。

目前，虽然全世界都认识到，中国是世界上最大的潜在的保险市场，但我们也应该清醒地认识到，中国保险业的发展目前还处在初级阶段的初始时期，市场还处于逐步成熟过程中。在这样的环境下经营，一定要克服浮躁心态。我对民安中国未来的发展提几条建议：

第一，建议民安中国用3年至5年的时间打好基础。基础打好后，再健康地起飞。把眼光放长远一点，在这点上要向一些外资公司学习。打基础的阶段要做好几件事情：一是把机制理顺，把香港民安成熟的企业管理经验带到内地；二是设计好企业的内控制度；三是把人才的基础打好，及早培养自己的人才。

第二，建议民安中国在发展初期，要处理好保费规模和利润效益的关系，注重业务质量。个别新进市场的公司，采取降低费率、提高手续费等恶性竞争的做法争夺市场份额，已经被证明是行不通的。希望民安中国不要走这些弯路，找出一条创新发展的新路来。

第三，希望民安中国通过自己的实践，经过几年的努力，在中国保险市场上树立起自己的品牌。

秦道夫（中国人民保险公司原总经理）：

从1975年起，我在香港民安工作了9年，这段时间给我留下了非常美好的回忆。

我认为一个公司的运作就像一部电脑一样，有硬件有软件。香港民安的软硬件都很好。从硬件来说，这个公司有比较成熟的行政管理系统和人事制度、财会管理制度、业务管理制度，还有公司的章程，公司完全按照这些硬件的规定去运行；从软件来说，民安的职工素质非常高，企业有很好的凝聚力，想方设法让公司发展，给我留下了深刻印象。

另外，民安与客户的关系相当密切，为客户服务的思想很牢固。大的客户都是上门服务。记得当时，我们每天上班后先看报纸，不仅看国际国内发生了什么大事，而且关注红白喜事的报道（在香港，发生这类事情都会登报纸），如果客户家里发生红白喜事，我们都主动上门帮助。我认为民安在香港声誉非常好，这和公司的经营行为密切相关。民安中国现在要进入内地市场经营了，希望把民安好的传统带到内地，继续发扬诚信的精神、依法办事的精神。把民安的信誉打出去，把民安的品牌打出去，这一点非常重要。

李裕民（中国人民保险公司原总经理）：

我没有在香港工作过，但是和香港有一些关系。很多香港中保的干部是我当总经理时派去的。

回顾民安的发展历程，一个问题值得我们关注，就是保险公司的业务过分依赖银行。我是1990年到保险业来的，之前我一直在银行做领导工作，比较了解银行。银行一直有自己搞保险公司的想法，但当时条件还不是很成熟，我也不赞成，所以计划暂时被搁置了。直到1994年，中国银行在香港成立了自己的保险公司，把民安的大部分业务都拿过去了，对民安的经营影响很大。对民安经营造成负面影响的另一个方面就是投资出了问题。民安未来的发展要汲取这些经验教训。

苑骅（中国人民保险公司原副总经理）：

1974年，总公司派我到香港保险联办处任副主任。当时，香港市场只有三家中资保险公司，即香港民安、中保香港分公司、太平香港分公司，这些公司在市场上信誉都非常好。

在当时的环境下，业务开展起来比较难，办公条件也相当艰苦。记得民安、中保港分租用中国银行办公楼的一层办公，非常拥挤。

总结民安精神，我想在"艰苦创业"的基础上再补充一点，就是"团结合作"。我认为，这些公司能在艰苦的环境下发展起来，一个重要的原因是，领导和领导之间、员工和员工之间，特别是领导和员工之间合作得很好，没有隔阂。当时，很多在香港工作的同志，工资很低，但他们能够踏踏实实地工作，创造出很好的业绩。靠的是团结合作、友好互助的精神，大家心往一处想，劲儿往一处使，拧成一股绳，团结成一个具有很强凝聚力和战斗力的集体。

中保集团这几年发展得很快、很好，我个人认为有以下几方面的原因。一是以业为主，多种经营。二是利用金融市场发展事业。三是恢复内地业务。5年前，太平在国内复业；现在，民安中国也在内地注册，发展内地业务。一个轮子变成了两个轮子，既有香港经验又能在中国内地发展，这一步走得很好，会加速中国保险集团和民安保险的发展。

黄国础（中保香港分公司原总经理）：

很高兴看到民安中国改制成功，又在中国内地开设了新的分公司。衷心希望民安年轻的同志们，能够珍惜今天的发展机遇，用现代机制把民族保险业作出一个样子来。祝民安的事业更上一层楼。

古启扬（太平香港分公司原总经理）：

我在太平港分工作了30多年，有一个深刻的体会，就是中保集团的干部员工从上到下都很廉洁，大家团结一致为国家服务。

民安在香港做业务，有顺利的时候，也有非常困难的时期。其中一个重要原因就是，我们的业务渠道对银行的依赖性很强。后来，银行自己办了保险公司，使我们的许多客户都流失了。想到这一点，作为一个老职工，我想提点建议：希望中国保险集团能够未雨绸缪，及早关注银保合作的趋势，采取各种手段，加强银保合作，深化合作的模式和方式，共享客户资源，共同实现双赢。

萧亦煌（香港民安公司原总经理）：

民安的传统到底是什么？我想在"艰苦创业""诚信品牌""团结互助"的基础上补充两点，就是"公私分明"和"实事求是"。

民安保险主要创始人沈日昌老先生请同事吃饭，从来不在公司报销。下班回家，他不让公司的车送，自己走路到码头，坐渡轮回九龙的家。在他的影响下，民安的同志们养成了公私分明、点滴归公的好传统。对于客户的索赔，公司从来是实事求是，应赔尽赔。正因为这样，我觉得民安在香港的声誉很好，客户面很广。昨天，在民安中国的开业酒会上，我看到了两个船东，他们都是民安40多年的老客户，能够40年都信任民安，我相信这足可以说明民安的声誉，见到他们我很高兴。

民安这些年的发展历史证明，公司最重要的资产就是人才。没有人才，公司发展不起来。民安这些年用了很多资金培训员工。要做部门经理或以上的职位，一定要经过培训。现在，民安中国要在内地大发展，一定要注意培训人才的问题。

沈江黛茜（民安保险主要创始人沈日昌先生夫人、中国保险集团证券控股有限公司创始人）：

如果沈日昌能够看到今天民安保险事业的发展，看到民安保险老、中、青三代人，肯定非常高兴，他会非常快乐的。

黄洪（中国保险监督管理委员会副主席，时任广东保险监管局局长）：

亲身经历过民安保险发展历史的老同志们回顾历史，概括出来的民安精神，对青年一代的保险人是巨大的精神财富。他们在为中国民族保险业做工作的过程中，实际上为青年一代的保险人树立了做人的榜样。

广东是我国最早实行改革开放的地区，广东保险业也经历过几代人的努力。由1980年恢复国内保险业务的2700万元保费，到上年的500亿元保费，今年将达到600亿元保费。短短的26年间，保费翻了上万倍。这些都印证了，没有保险业一辈辈的拓荒者、创业者为保险事业的奋斗，就没有广东保险业的今天。

冯晓增（中国保险集团董事长）：

什么是民安企业文化的精髓？各位老前辈从历史的角度总结了民安的企业文化：艰苦创业、团结合作、诚信品牌、公私分明、实事求是等。我想还有一点，就是民安员工的爱国、爱港、爱司的精神。这些年来，包括民安在内的中国保险集团这支队伍，为香港的社会进步、经济发展，为港澳回归、贯彻一国两制基本法，作出了历史性的贡献。今天，在新的形势下，这种精神在继续发扬光大。

今天的座谈会是我们中国保险集团继续前进的加油站。我们要把各位老前辈、老领导提出的希望转化为前进的动力，以更好的业绩，迎接2009年即将到来的民安保险的60华诞；通过实实在在的努力，把民安保险打造成为中国保险业的百年老店。

（2006年11月17日）

附录七

在香港开办再保险公司

文/秦道夫

我国的改革开放是从1978年底的十一届三中全会之后开始的。当时我在香港民安保险公司担任副总经理，上级要求我们在海外机构工作的同志思想要解放一些，开展多种经营，为国家创造更多的外汇收入。香港民安保险公司董事长苑骅和我们一起商量，在香港我们已经有了3家财产保险公司、1家人寿保险公司和新世纪证券公司，但我们没有专业的再保险公司，应当考虑在香港注册成立一家专业再保险公司。

当时，我把这个想法和香港民安保险公司总经理沈日昌、副总经理席乃杰、杨庆常等老专家商量，征求他们的意见。他们回忆，在世界范围内，还没有中国人开办的再保险公司，再保险公司都是外国人经营的。有的专家建议，可以稳妥一点，成立一家保险经纪公司，不用承担责任，还可以赚取保险手续费。根据当时我们的主客观条件，我们再三考虑，应该大胆尝试和实践，开办一家在香港注册的专业再保险公司。我们把这个想法报告中国人民保险公司总公司请求指示，总公司很快批复，同意我们的意见。

1980年9月9日，中国再保险（香港）有限公司在香港宣告成立。苑骅任董事长，我担任总经理，后来我任董事长兼总经理。中再资本金500万港元，股东4家：中国人民保险公司占50%，中国保险公司20%，太平保险公司15%，香港民安保险公司15%。开始时，我想请民安保险公司主管再保险业务的副总经理担任中再的副总经理来主持工作。他表示说，可以来，但他在民安的办公室要保留。看来他对中再能不能搞成功信心不足，要留一条后路。我对他说，那不行，他能专心致志干好一头就不错了，哪能心挂着两头呢！不要勉强。我就把我的办公室搬进了中再，领着5个人从零干起。其中有香港民安保险公司再保险部主任吴锦明，办事员林进荣、叶润芳，中国保险公司香港分公司火险部副主任谭贵荣，太平保险公司香港分公司办事员吴和松。

1949年吴锦明出生于香港，1967年其高中毕业于香港九龙拔翠英文书院。他的父亲在香港经营一家小针织厂，生意日渐扩充，国外订单不断增加，就要儿子学校毕业之后留在自己的公司一起做生意。吴锦明不肯，要到香港民安保险公司工作。父亲多次劝说，他坚持己见不肯合作。听说其父曾威胁地对他说，再不听话就跟他脱离父子关系。吴锦明还是不肯。就这样他于1968年被香港民安保险公司录用。吴锦明多年来一直在公司再保险部工作，再保险的专业知识和实践经验都很丰富，英文水平很高，对外活动能力强，爱国爱司，性格开朗，作风正派，能跟同事团结合作。他在业务开展方面成绩突出，到中再后提升为助理总经理，后来担任副总经理、总经理。

1933年谭贵荣出生于印度尼西亚，1958年在雅加达高中毕业后被中国保险公司雅加达分公司录用做会计工作，1967年回到北京，在中国人民保险公司做会计工作，后来到香港中国保险公司任火险部副主任。谭贵荣担任中再会计部经理兼人事部和总务方面的工作，他一贯工作勤奋、刻苦耐劳、爱国爱司，到中再后在制度建设和财会工作方面做了大量的工作，后来提升为助理总经理和副总经理。

吴和松原来是太平保险公司香港分公司业务发展部办事员，到中再之后工作热情高，他勤奋好学，在开展当地业务方面成绩显著，提升为临时分保部经理。

后来，我们又吸收了几位新同事。由民安公司肖奕煌总经理介绍，我们吸收了刘少文，他是香港中文大学毕业的，是我们中再公司吸收的第一位大学生。他英文水平高，接受新鲜事物很快，为人本分诚实，在我们中再公司这个环境里成长很快。

20世纪60年代，我在北京曾担任过中国人民保险公司再保险处副处长，办理分出分入的再保险业务多年，但对于如何经营管理一家专业再保险公司没有经验。我们"摸着石头过河"，边干边学，特别注意发挥下属工作人员的积极性和创造性。事也凑巧，不久前，英国怡和集团在香港成立一家专业再保险公司叫 East Point Re 再保险公司，其总经理怀特先生是英国保险界名声很高的承保人。我们是同行，两家公司有些交往，怀特先生主动和我们联系，我派吴锦明和刘少文去拜访他，向他学习管理再保险公司的一些做法。吴、刘也常给他打电话询问一些业务方面的问题和情况，我们的两位年轻人在和怀特先生接触过程中，给他留下了很好的印象，怀特先生很看好这两位年轻人，经常主动打电话约他们二位共进午餐，他还给我打电话说："秦先生，你有一支很好的团队。"并半开玩笑地说，要把我们这两位年轻人挖走。

法国SCOR再保险公司香港分公司和我们也有较好的交往。他们的总经理Osouf先生同我们见面时，多次称赞中再有一个很好的职工队伍。在香港，我们公司跟这些外国公司在业务上并不碰撞，各有各的路，大家愿意相互交往做朋友，沟通些信息。1984年我离开香港回到北京。1993年我到伦敦访问，怀特先生也回伦敦在劳合社担任承保人。当他知道我到伦敦的消息后，邀请我到他家吃饭。由王恩韶陪同，我们一起到怀特先生家里做客。老朋友相见，谈谈自己的往事和当前的情况，感觉非常亲切，饭后他陪同我们参观伦敦的街市。Osouf先生后来提升到法国SCOR再保险公司总公司任总经理。2000年该公司在北京成立代表处，Osouf先生亲自到北京主持代表处的开幕仪式，他邀请我出席他们在钓鱼台国宾馆举行的代表处成立典礼。

（资料来源：2008年4月30日《中国保险报》）

附录八

香港保险业简史

保险业是香港最古老的行业，在香港，没有任何一项商业活动能像保险一样反映香港历史的发展。

1805年，外商怡和洋行与宝顺洋行等在广州共同创办谏当保险行（又称广州保险社）。1841年鸦片战争中，英军占领香港，为躲避战乱，同年怡和洋行便将谏当保险行从广州迁到香港。

与世界上最早的保险业务类似，香港早期的保险业务发展与贸易活动息息相关，主要从事船舶及货物保险，后来逐渐经营火险及意外险等一般业务。而人寿保险则出现较晚，第一张寿险保单于1898年面世。

从1841年鸦片战争开始至今，香港保险业已经走过了177个年头。在这风风雨雨的百年中，它主要经历了以下三个阶段。

一、幼苗期

从1841年到1941年的太平洋战争爆发，是保险业以保险代理为主的发展阶段。

在这期间，香港经济发展缓慢，保险业务主要由外资洋行操办，这些洋行也只是在经营贸易和航运的同时附带地做保险代理，有的一家洋行代理十多家保险公司的业务。至今，香港保险业仍然保留了代理人制度。

1903年，仅有2家华商保险公司（无人寿保险公司），1941年增至约20家，其中有5家是人寿保险公司。在这个阶段，香港保险市场实际上由英资公司所垄断和操纵，保险业务主要集中于航运及贸易方面，且绝大多数是由英国保险公司委托其在香港的代理行出单承保的。

二、重大挫折期

1941年12月至1945年8月，香港被日本人占领，香港保险业备受摧残。当时，所有英资保险公司完全被接收，不少英籍雇员被关在集中营，资金冻结，无法营业。日本占领当局迫令所有华商保险公司恢复营业，但当时香港和英国信息中断，原来华商和境外的分保合同不能履行，大额业务的风险无从分散，香港保险业面临危机。

为解决分保危机，华商保险公会成立火险分保组，以相互分保的形式，暂时解决同业向外分保的困难。虽然目前华商保险公会还在，但已不复往昔。

香港保险行业至今还保留着行业自助的传统。成立了包括香港保监会、香港保险索偿局等民间组织，保障了香港保险业的平稳健康发展。

三、快速发展期

虽经历战火，饱经风霜。但香港保险业以其顽强的生命力迎来了快速发展的春天。

新中国成立的前一段时期，中国内地大量进口外国物资，香港的转口贸易发展迅猛，带动保险业务发展。随着香港经济的起飞并走向多元化，经济营运环境不断优化，香港的保险需求剧增，不但吸引大量除英国以外的海外资金来港发展保险事业，也促使本地有实力的华资涉足保险业，因此有不少保险公司陆续开业。

新中国成立后，英美资本的保险公司也纷纷将原来设在中国内地的机构迁来香港，以香港作为其向东南亚扩展业务的据点。加上香港人勤奋敬业，到20世纪六、七十年代，香港经济日益繁荣，成为亚洲"四小虎"，香港的保险业更是一日千里地蓬勃发展起来。

近半个世纪以来，世界众多保险企业纷纷踏足这块风水宝地。随着全球的资金、技术、人才大量输入，香港迅速发展成为亚太地区的主要保险市场之一。这些外资保险在引进国际资本的同时，也为香港保险市场注入了国际化的保险经验和管理技术。

如今香港保险业不断创新和走向多元化，并逐步发展成为一个发达的保险市场体系。

岭南人寿总会执照

247

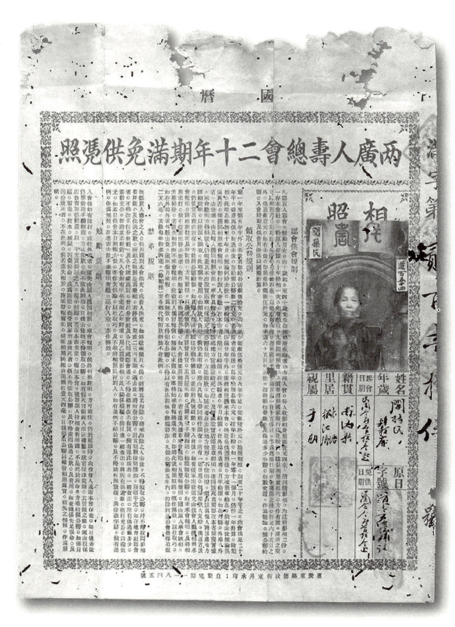

两广人寿总会二十年期满免供凭证

共安联保火险有限公会认股书及保单

249

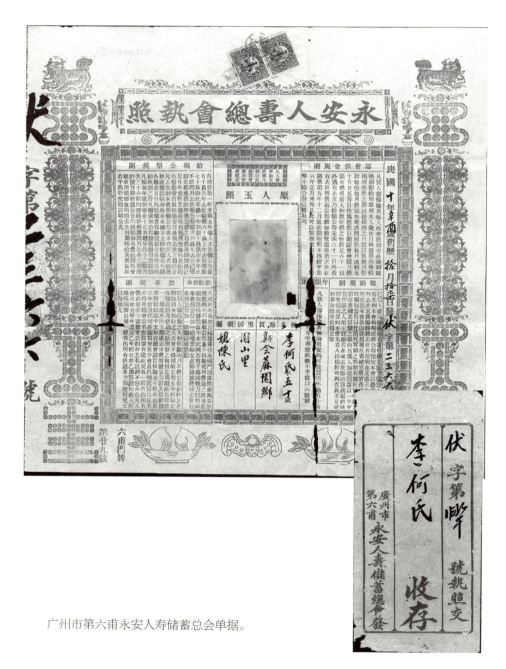

广州市第六甫永安人寿储蓄总会单据。

后 记

近年来，伴随着保险行业的快速发展，保险史学研究的热情初现"小兴奋"。

浏览翻阅保险史料，广州作为民族保险业的起源地，相关著述仅有1994年10月广州保险学会出版的《晚清民国时期广州保险业的兴衰（1801—1949）》（邝景略主编）一书。近年来广东地区部分媒体以其敏锐开始关注保险业的省港旧事，然而对开拓民族保险业界先河的人物却鲜有关注。

事在人为。广州之所以能够成为民族保险业的起源地，与历史地缘文化有关，也与先辈们的奋发有为、开拓创新有关。为此，我们聚焦岭南地区这片厚重的热土，查询资料，历时数月，编撰了这本书，期望能引发人们对岭南保险历史的热爱，对保险贤达的敬仰之情。

我们虽未与书中的前辈有缘一见，但却仿佛神交已久。在编辑的过程中，他们的事迹深深感染着我们，让我们不由想起习总书记在参观《复兴之路》展览时说过的那句话：历史告诉我们，每个人的前途命运都与国家和民族的前途命运紧密相连，更让我们度过了无数个不眠之夜。

本书编撰期间，我们得到了很多领导、朋友和同行的肯定和支持。广东玉米田广告公司谢泽辉董事长和叶建新总经理一再鼓励我们坚持下去；料峭春寒之际，广州金融管理局何平副局长给予我们热情鼓励；中山市保险行业协会何志彬秘书长亲临北京，给予我们指导；中国保险学会童伟明副秘书长、保险史学研究专家高星先生、王珏麟先生、成继跃先生，以及泛华保险副总裁田源先生、阳光人寿广东分公司张训强先生等均予以勉励。我们在此深表感谢！

有关岭南地区保险文献史料较少，因此我们只好借助网络收集和整理大量的文字和图片，由于时间的关系，我们无法——注明部分资料的来源，在此特此声明，并期望相关著作权人如发现其著作有被使用的情况及时和我们联系，以奉稿酬。

同时，由于我们水平和能力有限，书中难免挂一漏万，存在诸多错误，还望各位专家和读者及时批评指正。

赵守兵　卜瑞华

2017年12月于北京